北京文博

文　丛

二〇一九年第二辑

北京市文物局　编

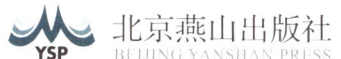

图书在版编目（CIP）数据

北京文博文丛. 2019. 第2辑 / 祁庆国主编. --
北京：北京燕山出版社，2019.8
 ISBN 978-7-5402-5420-9

Ⅰ.①北… Ⅱ.①祁… Ⅲ.①文物工作-北京-丛刊
②博物馆-工作-北京-丛刊 Ⅳ.①G269.271-55

中国版本图书馆CIP数据核字(2019)第152341号

北京文博文丛·2019·第2辑

出版发行：北京燕山出版社有限公司

社　　址：北京市丰台区东铁营苇子坑路138号　100079

责任编辑：朱　菁　任　臻

版式设计：肖　晓

印　　刷：北京画中画印刷有限公司

开　　本：787mm×1092mm　1/16

印　　张：8

字　　数：181千字

版　　次：2019年8月第1版

印　　次：2019年8月第1次印刷

ISBN 978-7-5402-5420-9

定　　价：48.00元

北京文博

2019年第2辑（总96期）

北京史地

1	北京出土明代荣禄大夫谷奉买地券考释	
	张智勇	
9	京西模式口承恩寺史事考	
	苗天娥	

文物研究

20	北方出土原始瓷产地研究综述	
	金志斌	
27	北京市文物局图书资料中心藏《汉校官碑》拓本初探	
	高山流水	
36	山东出土封泥述略	
	刘伟成	
41	浅析龙形象在压胜钱上的应用	
	柳 彤	
53	山东博物馆藏辑佚价值全形拓赏析	
	张祖伟	
63	延庆两件龙纹石雕年代及相关问题考略	
	罗 飞	
72	明御马监太监刘永诚墓出土文物及相关研究	
	邢 鹏　李 兵	

考古研究

82	北京市长城考古工作的回顾与展望	
	尚 珩	
88	北京市丰台区槐房汉墓M18发掘简报	
	北京市文物研究所	
99	西板桥及其河道遗址考古发掘简报	
	北京市文物研究所	

主办单位：北京市文物局
编辑出版：《北京文博》编辑部
　　　　　北京燕山出版社
网址：http://www.bjmuseumnet.org
邮箱：bjwb1995@126.com

目录 | Contents

博物馆研究

103 综合多学科 探究提能力
——恭王府携手社会力量打造非遗课堂
郝 黎

108 故宫博物院摄影资料保护浅谈
方丽瑜

文献资料

117 新发现的两幅八宝山抗战老照片
陈 康

120 北京市文物局2019年一季度文博事业大事记
北京市文物局办公室

声 明

为适应我国信息化建设，扩大本辑刊及作者知识信息交流渠道，本辑刊已被《中国学术期刊网络出版总库》及CNKI系列数据库收录，作者文章著作权使用费与本辑刊稿酬一次性给付。免费提供作者文章引用统计分析资料。如作者不同意文章被收录，请在来稿时向本辑刊声明，本辑刊将做适当处理。

《北京文博》编辑委员会

顾　问：李学勤　吕济民
主　任：李伯谦
副主任：舒小峰　孔繁峙　王世仁
　　　　齐　心　马希桂　吴梦麟
　　　　信立祥　葛英会　靳枫毅
　　　　郭小凌

编委会委员：（以姓氏笔画为序）
于　平　王　丹　王　岗　王丹江
王玉伟　王有泉　王培伍　王清林
卢迎红　白　岩　向德春　刘素凯
刘超英　齐东发　关战修　许　伟
许立华　宋向光　杨玉莲　杨曙光
李　晨　李建平　肖元春　何　沛
范　军　哈　骏　侯兆年　侯　明
郗志群　高小龙　高凯军　郭　豹
韩　更　韩战明　谭烈飞　薛　俭

主　编：祁庆国
执行主编：韩建识
编辑部主任：高智伟
本辑编辑：韩建识　陈　倩
　　　　　高智伟　康乃瑶　侯海洋

Beijing Cultural Relics and Museums

No. 2, 2019

HISTORY AND GEOGRAPHY OF BEIJING

1   Textual Research of the Land Purchase Certificate for the Tomb of Gu Feng, the Grand Master for Glorious Happiness of Ming Dynasty Unearthed in Beijing
by Zhang Zhiyong

9   Study on the Historical Events of Cheng'en Temple in West Beijing
by Miao Tian`e

CULTURAL RELICS RESEARCH

20   Research Summary of the Place of Origin of Proto-Porcelain Unearthed in the North
by Jin Zhibin

27   Preliminary Exploration Xiaoguan Stele of Han Dynasty《汉校官碑》 Collected in the Books and Data Centre of the Beijing Municipal Administration Bureau of Cultural Heritage
by Gao Shanliushui

36   A Brief Account of the Lutes Unearthed in Shandong
by Liu Weicheng

41   On the Dragon Image in the Application of Yansheng压胜Coins the North
by Liu Tong

53   Appreciation of the Full-Form Extension of Collection Lost Value in Shandong Museum
by Zhang Zuwei

63   Study on the Age and Related Issues of the Two Dragon-Grain Stone Carvings in Yanqing
by Luo Fei

72   Cultural Relics Unearthed in Tomb of Liu Yongcheng,Eunuch of Royal Horse Supervisor of Ming Dynasty and Related Data
by Xing Peng,Li Bing

ARCHAEOLOGICAL RESEARCH

82   Review and Outlook of the Archaeological Work of Great Wall of Beijing Municipality
by Shang Heng

88   Brief Report on Archaeological Excavation of Tomb of Han Dynasty M18 in Huaifang槐房 in Fengtai District, Beijing Municipality
by Beijing Cultural Relics Research Institute

Organizer: Beijing Municipal Administration Bureau of Cultural Heritage

Edited and Published by the Editorial Department of Beijing Wen Bo, Beijing Yanshan Press

URL:http://www.bjmuseumnet.org

E-mail: bjwb1995@126.com

目录 | Contents

99   Brief Report on Archaeological Excavation of Sites of Xibanqiao 西板桥 and Its River Course

      by Beijing Cultural Relics Research Institute

MUSEOLOGY RESEARCH

103   Integrated Multidisciplinary Exploration to Enhance Capacity: The Prince Gong's Mansion Cooperate with Social Power to Create Non-legacy Classroom

      by Hao Li

108   A Brief Discussion about the Protection of Photographic Data in the Palace Museum

      by Fang Liyu

DOCUMENTS AND MATERIALS

117   Two Old Photos Newly Found in the Period of Babaoshan Anti-Japanese War

      by Chen Kang

120   Chronicle of Events Concerning Cultural Relics and Museums of the Beijing Municipal Administration Bureau of Cultural Heritage (1st Quarter of 2019)

      by Office of Beijing Municipal Administration Bureau of Cultural Heritage

---

Editorial Board of *Beijing Wenbo*

Advisors: Li Xueqin   Lü Jimin

Chairman: Li Boqian

Vice-chairmen:

Shu Xiaofeng, Kong Fanzhi, Wang Shiren, Qi Xin,

Ma Xigui, Wu Menglin, Xin Lixiang, Ge Yinghui,

Jin Fengyi, Guo Xiaoling

Members:

Yu Ping, Wang Dan, Wang Gang,

Wang Danjiang, Wang Yuwei, Wang Youquan,

Wang Peiwu, Wang Qinglin, Lu Yinghong,

Bai Yan, Xiang Dechun, Liu Sukai, Liu Chaoying,

Qi Dongfa, Guan Zhanxiu, Xu Wei, Xu Lihua,

Song Xiangguang, Yang Yulian, Yang Shuguang,

Li Chen, Li Jianping, Xiao Yuanchun, He Pei,

Fan Jun, Ha Jun, Hou Zhaonian, Hou Ming,

Xi Zhiqun, Gao Xiaolong, Gao Kaijun, Guo Bao,

Han Geng, Han Zhanming, Tan Liefei, Xue Jian

Editor-in-chief: Qi Qingguo

Executive Editor: Han Jianshi

Director of the Editorial Office: Gao Zhiwei

Managing Editors of this Volume:

Han Jianshi, Chen Qian, Gao Zhiwei, Kang Naiyao

Hou Haiyang

北京出土明代荣禄大夫谷奉买地券考释

张智勇

2014年，在配合北京市海淀区玉渊潭农工商总公司五路商务楼项目建设的考古发掘中，清理了一座竖穴砖石墓，该墓后室东棺椁前方出土买地券一方，据券文可知为明代荣禄大夫谷奉买地券。谷奉买地券并盖，方形，青石切割打磨而成，长、宽均为63厘米，厚8厘米。盖横排篆书"阴券文"，其下竖排篆书"天圆地方，六律九章，符命告下，永镇墓堂"，中刻由文字及一些象征符号组成的三个符箓，竖排。券盖文字及符箓均用朱砂批点。合缝处阴刻合体楷书"合同"二字的一半（图一、图二）。券文楷体墨书，自左向右，竖写，24行，满行24字，全文446字（图三、图四）。现将券文移录如下，并不揣浅陋，对券文进行考释，敬祈学人指正。

一、买地券录文

维正德四年岁次己巳，三月癸巳朔二十八日庚申，宜良。今据顺天府大兴县昭囘坊居住立券祭主信官谷大宽等，伏缘近故顯考，诰封荣禄大夫、后军都督府都督同知谷公讳奉，生於宣德甲寅年十月初八日午时，卒於正德己巳年二月初八日寅时。大宽等凤夜忧思，不遑所厝，遂令日者，择此高原，又得明山秀水，来去潮迎，地占袭吉，地属宛平县香山乡张化村之原，迁作子癸山午丁向，堪为宅兆。梯己出俻钱绿，买到吉地一方，南北长

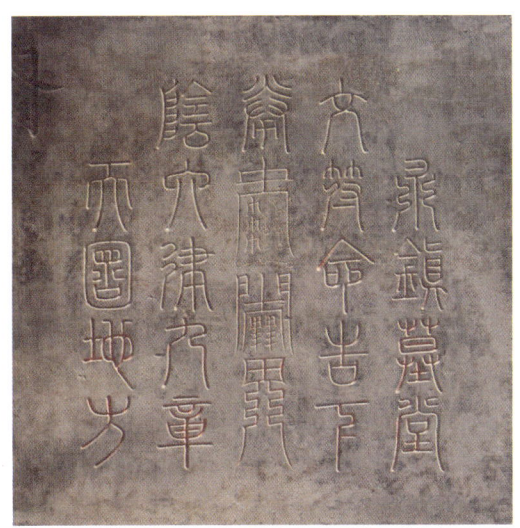

图一　买地券盖

图二　买地券盖拓片

三百六十步，东西阔二百四十步。左至青龙，右至白虎，前至朱雀，后至玄武。内

图三 买地券文

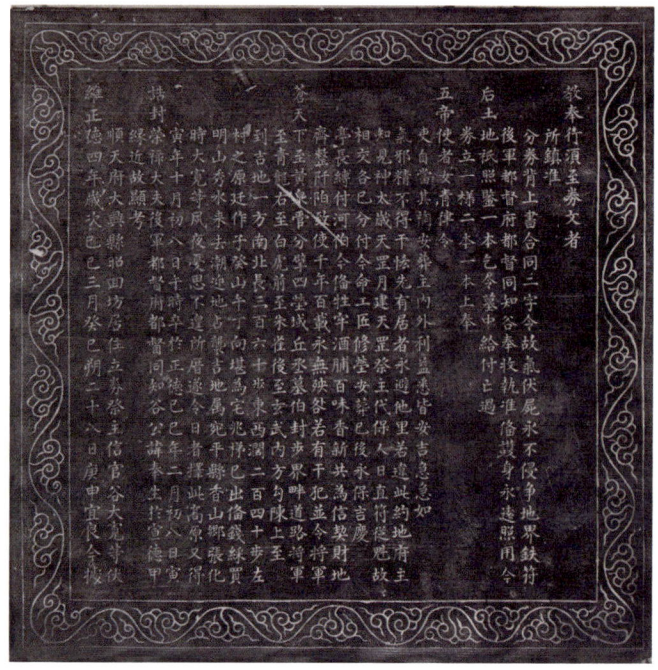

图四 买地券拓片

方勾陈，上至苍天，下至黄泉，管分茔四莹域。丘丞墓伯，封步界畔，道路将军，齐整阡陌。致使千年百载，永无殃咎。若有干犯，并令将军亭长，缚付河伯。今备牲牢酒脯，百味香新，共为信契。财地相交，各已分付。令命工匠修茔安葬，

已後永保吉慶。知見神：太歲天罡、月建天罡；祭主、代保人：日直符從魁。故氣邪精，不得干慄。先有居者，永避他里。若違此約，地府主吏自當其禍。安葬主內外利益，悉皆安吉。急急如五帝使者女青律令。券立一樣二本，一本上奉后土地祇照鑒；一本乞令墓中，給付亡過後軍都督府都督、同知谷奉收執，准僖護身，永遠照用。今分券背上書合同二字，令故氣伏屍，永不侵爭地界。鐵符所鎮，准教奉行，須至券文者。

二、券文所涉人物

谷奉买地券是明正德四年（1509）谷奉去世后，其子谷大宽等作为立契人订立的购买墓地所有权或使用权的契约。

谷奉，正史无传，为明代正德、嘉靖时期太监谷大用之父。据券文记载，谷奉曾任后军都督府都督同知，封荣禄大夫，生于宣德九年（1434）十月初八日午时，卒于正德四年二月初八日寅时，同年三月二十八日葬于宛平县香山乡张化村之原。正德二年（1507）九月，谷奉以其子御马监太监谷大用深得武宗宠幸，得授锦衣卫指挥使[①]。正德三年（1508）八月，谷奉又因其子谷大用得以升都督同知[②]。都督同知官品为从一品，谷奉因此得封荣禄大夫的散官、阶官。

谷大用，《明史》有传[③]，正德年间内侍"八虎"之一。所谓"八虎"是指明武宗朱厚照在东宫时的八个贴身太监，亦称"八党"。其时，中外"皆言太监马永成、谷大用、张永、罗祥、魏彬、丘聚、刘瑾、高凤等造作巧伪，淫荡上心。击球

走马，放鹰逐犬，俳优杂剧，错陈于前。至导万乘与外人交易，狎昵媟亵，无复礼体，日游不足，夜以继之，劳耗精神，亏损志德"④。正德元年（1506）十月，刘瑾掌司礼监，谷大用提督西厂，分遣官校远出侦事。其时江西南康县民吴登显等，五月五日为竞渡，谷大用等诬其擅造龙舟，因此籍其家，天下皆重足屏息。其后，谷大用等又建鹰房草场于安州，强夺民田无数。正德五年（1510），刘瑾以谋反罪伏诛，谷大用辞西厂。未几，武宗欲起用谷大用，遭大学士李东阳力谏乃止。正德六年（1511），河北爆发刘六、刘七农民起义，武宗命谷大用总督军务，与伏羌伯毛锐、兵部侍郎陆完率京营前往镇压。谷大用驻临清，征调辽东、宣府、大同、延绥四镇边军入内地听其调遣，号称"外四家"，首开调操边军的先河。正德十二年（1517），武宗欲北巡长城，遭朝臣、边将反对，居庸关巡关御史、贵州道监察御史张钦甚至紧闭关门。武宗转令张钦出巡白羊口，令谷大用代守居庸关，武宗星夜赶至居庸关，由此出关巡视宣化、大同，直至次年正月返京。正德十六年（1521）四月，太监谷大用、内阁大学士梁储、定国公徐光祚、驸马都尉崔元、礼部尚书毛澄等赴湖北安陆奉迎兴献王长子朱厚熜进京嗣皇帝位，谷大用以迎立功赐金币⑤。其后，御史萧淮等奏太监谷大用、丘聚、张永等蛊惑先帝、党恶为奸、放逐大臣、陷害忠谠、变乱成法、盗窃名器，并宜诛戮以谢天下。世宗准其所奏，谷大用降奉御，调往南京孝陵司香⑥。嘉靖三年（1524）五月，南京孝陵司香内使谷大用援借迎扈之功劳，奏请回京调理，遭礼科给事中章侨指责⑦。嘉靖五年（1526），世宗召谷大用回京守康陵，南京山西道御史乔祺、御史谢汝仪等以大用为先朝"八虎"之一，不当召还，世宗不纳谏言。嘉靖十年（1531）十二月，谷大用以奸党坏政，遭籍没财产⑧。据文献记载，谷大用墓地位于阜成门外八里、慈

寿寺所在地。明沈德符《万历野获编》载："慈寿寺，去阜成门八里，则圣母慈圣皇太后所建，盖正德间大珰谷大用故地。"⑨于慎行的《敕建慈寿寺碑文》亦载："圣母慈圣宣文皇太后，与我皇上永怀穆考在天之灵，思创福地，以荐冥祉，乃命内臣卜地于阜成门外八里，得太监谷大用故地一区，宏博奥敞，允称灵域。"⑩

谷大宽，谷大用之兄，正德五年九月，因谷大用平定安化王朱寘鐇叛乱有功，封为高平伯⑪。谷大亮，谷大用之弟，正德八年（1513）二月，以其兄大用平定刘六、刘七农民起义之功封为永清伯⑫。明代得宠宦官之父见在者可升授官职，而得享此例的首推谷大用之父谷奉，史载谷奉授官锦衣卫指挥使为"内臣父见在授官之始也"⑬。谷奉及其子大宽、大亮均因谷大用得武宗宠幸而擢官授爵，可谓"爵赏之滥，国朝所无"⑭，明代正德年间宦官势焰之盛，于此亦可见一斑。

三、买地券文考释

买地券又称地券、墓莂、冥券、冥契、幽契、地莂、墓券、幽券等，是一种虚拟的冥世土地买卖契约，"其源头至少可上溯至西汉前期墓葬所出之告地策，其功用在于向地下鬼神通告亡人之殁亡，并通过向地下鬼神购买葬地祈求得到地下鬼神的接纳与保佑。买地券起源于民间巫术，书写者主要是巫觋，书写规则与书写内容主要取决于巫觋方术的准则，而并非亡人及其墓地的实际情况。"⑮从相关的考古发掘报告及简报来看，全国各地出土了相当多的买地券，时代从东汉一直延续至明清时期。

北宋王洙奉仁宗敕修的《地理新书》中记载了当世买地券的内容及行文格式规范，书式如下：

某年月日，具官封姓名，以某年月日殁故。龟筮叶从，相袭地吉，宜于

某州某县某乡某原，安厝宅兆。谨用钱九万九千九百九十九贯文，兼五彩信币，买地一段，东西若干步，南北若干步。东至青龙，西至白虎，南至朱雀，北至玄武。内方勾陈，分擘四域。丘丞墓伯，封步界畔，道路将军，齐整阡陌。千秋万岁，永无殃咎。若辄干犯呵禁者，将军亭长，收付河伯。今以牲牢酒饭，百味香新，共为信契。财地交相分付，工匠修营，安厝以后，永保休吉。知见人：岁月主；保人：今日值符。故气邪精，不得忓悷。先有居者，永避万里。若违此约，地府主吏，自当其祸。主人内外存亡，悉皆安吉。急急如五帝使者女青律令⑯。

另一部专门记载古代葬法风水的《茔原总录》中记录的买地券格式与《地理新书》样式大致相同，但增加了"券立二本，一本奉付后土，一本乞付墓中，亡父某人收把，渠备付身，永远照用"⑰的内容。

谷奉买地券形制与墓志相同，石质方形，由盖和底组成。盖从左至右篆书"阴券文"为买地券名称，也即券额，表明了买地券作为明器和契约的双重特性。券额下的"天圆地方，六律九章，符命告下，永镇墓堂"为咒语，中画符箓三个。咒语、符箓均用朱砂批点。朱砂作为一种矿物质，具有安神定惊功效，而且其粉末呈红色，作为颜料使用可以经久不褪。因此古人认为朱砂有"开运祈福，镇静安神"之用，道教更是常用朱砂画符驱邪。咒语和符箓是道教斋醮科仪中重要的法术之一，因其具有召神劾鬼的强大神力，被广泛运用于古代社会生活的各个领域，如神行、渡水、隐形、变化、护身、祛病、安宅等。后世的堪舆家吸纳了道教的咒语和符箓，成为古代丧葬时的常用之物，咒语和符箓结合用于镇墓，其主要功能是保护死者及家中生人不受鬼邪侵扰。

谷奉买地券内容、格式与《地理新书》《茔原总录》的记载大致相同，主要包括买地与镇墓两个方面的内容。买地部分内容模仿地契的形式，界定土地交易的各项要素，如立券时间及立券人、亡人概况、墓地状况、立契过程与程序、知见人与保人、违约的惩罚等。镇墓内容则是道教和堪舆术相结合的产物，主要是求地下鬼神保护死者有安居之所。

1. 立券时间及立券人

立券时间为缔结双方权利与义务生效的时间。买地券书写立券时间格式繁简不一，大多由年号、年、月、日和日干支组成，书写于券前或券尾，也有加叙于券文中间者。据《地理新书》记载，买地券是古代民间丧仪中斩草仪式使用的文本，因此立券时间通常与斩草仪轨有关，多为斩草日或下葬日。斩草日或葬日多为《地理新书》中所载的"金鸡鸣，玉犬吠"的"鸣吠日"或"鸣吠对日"。《地理新书》认为"鸣吠吉日""金鸡鸣，玉犬吠，上下不相呼，大吉""鸣吠对日""虽然金鸡不鸣，玉犬不吠，而与鸣吠之辰相对，故可用斩草、启故，或与月便，用之殡殓、权厝，吉"，因此"鸣吠日"和"鸣吠对日"都是进行丧葬活动的吉日⑱。据谷奉买地券可知，其立券时间为下葬之日，即正德四年三月癸巳朔二十八日庚申，而庚申日则为"鸣吠日"，是下葬吉日，因此券文称之为"宜良"。立券人为亡人谷奉之子谷大宽等。

2. 亡人概况

亡人概况主要包括亡人生卒时间、年龄、生前居处等。此券亡人为墓主谷奉，任后军都督府都督同知，生前居住地为顺天府大兴县昭回坊。昭回坊为明代京师北城坊名之一，属大兴县。该坊名系沿用元大都坊名，据《析津志》记载，昭回坊，都府南⑲。明末张爵《京师五城坊巷胡同集》载，该坊改名为昭回靖恭坊⑳。但据券文可知明正德年间仍沿用元代昭回坊旧名，故改名昭回靖恭坊至少应该在正德以后。

3. 墓地状况

买地券所载墓地状况一般包括所买

墓地的坐落位置、四至范围、方位及周围形势。买地券一般会标明墓地所在的现实真实位置，但墓地四至范围等却几乎没有为现实边界的，一般都将四神作为四至边界。另外，受风水思想影响，买地券中往往会标明墓地方位和周围形势，一般用八卦和天干地支表示方位，且多强调墓地周围有山水相伴。谷奉买地券标明其墓地位于宛平县香山乡张化村，墓地左至青龙，右至白虎，前至朱雀，后至玄武，显系采用四神作为边界四至。墓地范围南北长三百六十步，东西阔二百四十步，该数字亦非墓地实在范围，乃是虚拟的。墓地方位"子癸山午丁向"，用八卦和天干地支表示。"明山秀水，来去潮迎，地占袭吉"表明墓地周围有山水相伴，勘为吉地。墓地状况部分虚实结合，其中墓地边界四至、范围等内容为虚构，但墓地坐落位置和方位信息则是实情。

据券文记载，谷奉墓地位于宛平县香山乡张化村，该地名应为明代真实地名。明初宛平县为北平府附郭县，永乐年间升北平府为顺天府，宛平县仍为附郭县，治所设于城内北安门之西，管辖范围是城内前从棋盘街、后从北安门街以西，城外往南、往北50多公里，往西150公里皆属宛平县，县下城区领有十三坊，城外领有村庄三百二十八处[21]。"乡"是明代基层社会乡治组织中的一种具体组织单位，其名称多沿袭唐宋元诸朝之"乡"名而来，主要是泛指城外四方郊野的地理概念。据记载，香山乡位于明代顺天府宛平县阜成、西直关外，当因香山而得名，《宛署杂记》载："香山乡六图，离城十五里；香山乡七图，离城十五里；香山乡十一图，离城二十里；香山乡十二图，离城二十五里。"[22]张化村应为宛平县城外香山乡村庄之一，其名称未见文献记载，但《京师五城坊巷胡同集》中记载了明代阜成门、西直门外西郊村落名称，其中有"西张华""东张华"[23]。《宛署杂记》载万寿寺曾购买"顺天府宛平县香山乡张花村民庄房果园四顷二十亩"[24]。谷奉墓地位于今海淀区彰化南路，该地属于彰化村，由此可知，谷奉买地券中的"张化村"即今之"彰化村"。目前已知彰化村的村名历史上大体经历了张化→张华→张花→彰化的变化过程，谷奉买地券为考察北京历史上的村落变迁提供了实物资料。

4. 立契过程与程序

买地券作为冥世的土地买卖契约，反映了立契人与地下鬼神订立契约购买地下土地所有权或使用权的立契过程与程序，需要写明契约是怎样订立的，言明钱物与土地交割完毕，工匠可以动土营墓。谷奉买地券中，其子谷大宽等作为立契人，"梯已出备钱彩，买到吉地一方"，同时用"牲牢酒脯，百味香新"等祭祀物品，即采用各种信物来确定契约的成立以及对契约的约束作用，"共为信契"，最终"财地相交，各已分付"，并命工匠修莹安葬。

5. 违约的惩罚性条款

为保证契约顺利执行，契约中往往规定违约罚则。买地券作为契约，也会写入维护缔约各方的义务及违约处罚。如买地券会言明已买土地属于亡人所有，此前在这里活动的鬼魂要立即离开，不得打扰亡人魂灵；如有违反契约的规定，地下神祇要承担责任；而且自葬此地后，将佑荫子孙后代富贵昌盛等。即谷奉地券中所谓"若有干犯，并令将军亭长，缚付河伯……若违此约，地府主吏自当其祸。安葬主内外利益，悉皆安吉"。

6. 中保人、见证人

中保人、见证人是指契约的中介人和保证人，他们负责契约的书写和确保契约公平、公正及顺利实施。买地券依照阳间买地的方式，既有保人，也有证人，而且随着社会上迷信思想的加重和道教的盛传，中保人、见证人日益神仙化。谷奉买地券中知见神即见证人为太岁天罡、月建天罡，祭主、代保人为日直符从魁。直符是指轮值主符神仙。

7.设神道以护法权

古人在对人世之事缺乏信心的情况下，多借助神道以壮大声威，"神道设教，求助人神"，此情况在买地券中也有反映，券文中多采用"急急如五帝使者女青律令"的表述。"急如律令"在汉代下行公文中的原意是办理此事要像办律、令一样迅速。对此，王国维认为："汉时行下诏书，或曰如诏书，或曰如律令。苟一事为律令所未具而以诏书定之者，则曰如诏书……苟为律令所已定而但以诏书督促之者，则曰如律令。……如律令一语，不独诏书，凡上告下之文，皆得用之。……其后民间契约，道家符咒，亦皆用之。"㉕其后道教吸纳当世公文之语，在其内部所发的通知事项等都模仿官府行文制度，用于宗教符咒，所以符咒中的"急急如律令"应为模仿官文。买地券采用此言，应是受了道教的影响，伪托"女青"，其意在于说明此契约由道教尊神的使者女青书写，以增强其镇伏妖魔鬼怪的威力。同时为了使符咒更有效力，通常都书以"急急如律令"，此为道教符篆或咒语中常用的敕语，意为勒令鬼神依照符令火速遵行，其目的是借道教的至高权威去维护墓主的土地所有权。

四、券文中所涉神祇

买地券的主要功能就是从神灵手中获得土地，因此券文中涉及神祇数量众多，大多来源于道教及民间信仰的一些神仙，他们在其中承担的任务角色各不相同，大致包括保护墓葬的神灵、充当中间人及保人的神灵、惩处各种邪灵和冒犯者的神灵等几类。

买地券作为明器，会出现一些与墓葬有关的神灵，主要是保护墓葬和墓主安全的各种神灵，如谷奉买地券中出现的"勾陈""丘丞墓伯、道路将军""青龙、白虎、朱雀、玄武"等。

"勾陈"又作"句陈""钩陈"，是天上紫微垣中的星座名，靠近北极星，共有六颗星组成。《星经》称："勾陈六星在五帝下，为后宫，大帝正妃。又主天子六军将军，又主三公。"㉖道教将勾陈加以神格化，用来指上天神灵，即"勾陈大帝"，全称为"勾陈上宫天皇大帝"或"天皇大帝"，为道教尊神"四御"中的第三位神。道教宣称他们协助玉皇大帝执掌南北二极，统御众星，并主持人间兵革之事。买地券中借用"勾陈"表冥府神祇之一，且常与"丘丞墓伯、道路将军"连用，用来把守墓地中方、内方的区域。

"丘丞墓伯""道路将军"是所谓的"丘墓之神"，具有保护亡魂安稳、荫佑生人平安的职能。"丘丞"是主管墓地所在的山丘之神，"墓伯"是主管墓地之神。"道路将军"是主管墓地的武将，职能是"界畔封步"，即看管墓地边界，保证墓主阴宅的安全。《赤松子章历》卷五载："丘丞墓伯、地下二千石、仓（苍）林君、武夷君、左右冢侯、地中司激、墓卿右秩、嵩里父老，诸是地域所典主者。"㉗

"青龙、白虎、朱雀、玄武"是一套以动物形态出现的四个神灵，又称四象，源于中国远古的星宿信仰。中国传统的天文学体系将黄道附近的星空划分为二十八宿，并分别由四象（神）统辖。象是中国传统星宫体系的基本概念，作为四个赤道宫的象征，最终形成了由五种动物组成的四组灵物，具有四种不同颜色及代表四个不同方向，并与二十八宿完成固定配合的严整形式，这便是东宫青（或苍）龙、西宫白虎、南宫朱雀（或鸟）、北宫玄武。两汉时期道教吸收"四象"思想，青龙、白虎、朱雀、玄武成为道教中守卫四方的四灵神君。

买地券中由"青龙、白虎、朱雀、玄武"四神保护墓地四周，再加上"勾陈""丘丞墓伯、道路将军"，墓地四方和中央都有强有力的神灵保护，墓主人的尸体及灵魂就能确保免遭"故气""邪精"等各种邪神侵袭。

为确保契约得以顺利执行，通常还需要第三方即保人、见证人来保证契约的公正和施行的顺利。买地券作为亡人与地下鬼神订立的契约，交易中的卖方往往是各种神明，能够为其交易作证且保证契约履行，只有各种神明才可能有资格充当保人。买地券中充当中间人、保人的神灵很多，如谷奉买地券中的太岁、天罡、月建、今日直符从魁等。

"太岁"（又称太阴、岁阴）是中国古代天文和占星术中虚拟的一颗与岁星（木星）相对并相反运行的星，其后逐渐演化成一种神祇信仰。因岁神为值年之神，掌人间一年祸福，又称"值年太岁"，俗称"岁君"。月建是古代天文历法术语。古代以北斗七星斗柄指向的十二辰来记录和称呼月份，即将十二地支和十二个月相配，用以纪月，通常冬至所在的十一月配子，称为"建子之日"。依此类推，十二月建丑、正月建寅、二月建卯，直到十月建亥，如此周而复始。"天罡""从魁"为十二月将名。月将即一月之将，为古代星占学术语。因月亮绕着地球公转，每月转一圈，同时地球是绕着太阳运行的，所以月亮每月在宇宙中的相对位置是不同的，十二地支分配到十二个月，正好每月占一个地支，古人习惯上称为地月将，简称为月将。十二月将又名十二神，北宋杨惟德《六壬神定经》记载的十二月将为：正月将徵明、二月将天魁、三月将从魁、四月将传送、五月将小吉、六月将胜光、七月将太乙、八月将天罡、九月将太冲、十月将功曹、十一月将大吉、十二月将神后[33]。"直符"亦称"直符史"，本是汉代出现的官名，是都府等处的值班佐吏，后被道教借用表示上天当值的神灵。买地券中充当中间人、保人的太岁、天罡、月建、今日直符从魁等神仙与道教、占星术等有着密切的关系，反映出古代风水所依托的术数体系与道教有着密切关系。

契约的执行，除了订约双方同意之外，外部强制力量的介入也往往是不可避免的。缔约双方需要外部强制力量来惩罚各种威胁契约及避免各种潜在的违约行为。买地券作为一种契约，为惩罚各种冒犯的神灵与鬼怪，自然也需要借助神明来实施各种惩罚行为，保护亡人的安宁及契约的履行。买地券中可以充当强制力量的神明主要有河伯和女青。

"河伯"曾是人们普遍崇信的水神，但道教文献中的河伯主要是作为幽冥神仙出现的，而且河伯一般不单独显示神通，在救治亡灵时，河伯一般还要和那些墓葬神仙合作，惩治和收付各种鬼怪。"女青"是道教中影响很大的神仙，为"三清"（玉清元始天尊、上清灵宝天尊、太清道德天尊）的使者。作为道教最高神的使者，女青还掌管玄都中宫鬼律，考校鬼神善恶功过，具有镇伏万鬼的强大威力。买地券称"女青"主要是为了借助其镇鬼的权威实现镇墓的职能。

买地券是古代丧仪中的一项重要习俗，自东汉出现一直延续至今。但晚期买地券多由乡间巫师、方士、道徒制作，因文字粗陋且充满浓厚的迷信色彩而被视为村巫陋俗，遭历代文人雅士批评和嘲讽。如清代学者洪亮吉就认为："古人卜葬，必先作买地券，或镌于瓦石，或书作铁券，盖俗例如此。又必高估其值，多至千百万；又必以天地日月为证，殊为可笑。"[29]作为出土的随葬明器，买地券因其史料价值不如墓志而得不到考古、文物研究的重视，但买地券中包含的墓主生卒年月、生前官职及居所、葬地所在却并非完全虚拟，大致可信；券文中所涉的墓葬神灵、地下神祇等亦可得见当时的民间信仰、丧葬习俗等，其研究价值不应忽视。谷奉买地券作为北京地区近年来出土且保存较好的明代买地券，券文中有关谷奉生卒年月、官职、居所及葬地等内容不仅可弥补史乘记载的某些阙略，也为研究明代北京地区的历史地理、堪舆术状况及丧葬习俗等提供了重要的实物资料。

（本文在写作过程中，得到北京市文物研究所李伟敏老师的热情帮助，在此深表谢意！）

---

① 《明武宗实录》卷三十，正德二年九月己巳条。

② 《明武宗实录》卷四十一，正德三年八月丙戌条。

③ 《明史》卷三百四，中华书局，1974年，第7794页。

④ 《明史》卷一百八十六，中华书局，1974年，第4915页。

⑤ 《明世宗实录》卷一，正德十六年四月壬午条。

⑥ 《明世宗实录》卷一，正德十六年四月戊申条。

⑦ 《明世宗实录》卷三十九，嘉靖三年五月辛卯条。

⑧ 《明世宗实录》卷一百三十三，嘉靖十年十二月壬寅条。

⑨ （明）沈德符：《万历野获编》卷二十七《京师敕建寺》，中华书局，1959年，第686页。

⑩ （明）于慎行：《穀城山馆文集》卷十三《敕建慈寿寺碑文（代）》，《四库全书存目丛书》集部别集类147—148册，齐鲁书社，1997年，第448页。

⑪⑭ 《明武宗实录》卷六十七，正德五年九月癸酉条。

⑫ 《明武宗实录》卷九十七，正德八年二月丙午条。

⑬ （明）王世贞：《弇山堂别集》卷九十《中官考一》，中华书局，1985年，第1732页。

⑮ 鲁西奇：《汉代买地券的实质、渊源与意义》，《中国史研究》2006年第1期。

⑯ （宋）王洙编著、金身佳校注：《地理新书校理》，湘潭大学出版社，2012年，第428—429页。

⑰ 刘未：《宋元时期的五音地理书〈地理新书〉与〈茔元总录〉》，载《北方民族考古（第1辑）》，科学出版社，2014年。

⑱ （宋）王洙编著、金身佳校注：《地理新书校理》，湘潭大学出版社，2012年，第299—300页。

⑲ （元）熊梦祥：《析津志辑佚》，北京古籍出版社，1983年，第4页。

⑳ （明）张爵：《京师五城坊巷胡同集》，北京古籍出版社，1982年，第18页。

㉑ （明）沈榜：《宛署杂记》，北京古籍出版社，1982年，第34、38页。

㉒ （明）沈榜：《宛署杂记》，北京古籍出版社，1982年，第13页。

㉓ （明）张爵：《京师五城坊巷胡同集》，北京古籍出版社，1982年，第13页。

㉔ （明）沈榜：《宛署杂记》，北京古籍出版社，1982年，第209页。

㉕ 王国维：《观堂集林》，中华书局，1959年，第845—846页。

㉖ 《星经》卷上，《丛书集成初编》第1308册，中华书局，1985年，第12页。

㉗ 《赤松子章历》卷五，《道藏》第11册，文物出版社、上海书店、天津古籍出版社，1988年，第221页。

㉘ （宋）杨惟德：《景祐六壬神定经》卷二，《丛书集成初编》第709册，中华书局，1985年，第17—18页。

㉙ （清）洪亮吉：《洪亮吉集》第五册，中华书局，2001年，第2312页。

（作者单位：北京市文物研究所）

京西模式口承恩寺史事考

苗天娥

底蕴丰富、积淀深厚的古都北京，遗留下来的古刹不计其数，且多见重名的现象。譬如承恩寺，北京就有三座，都是明代建造的。一座在宣武门内佟麟阁路西边的承恩胡同，始建于明代，清康熙时毁于火并于康熙五十四年（1715）重建，为戒台寺下院，现为西城区普查登记文物；一座在东四八条，万历二年（1574）太监冯保奉敕修建，首辅张居正撰《敕建承恩寺碑》，今不存；一座在京西模式口，正德五年（1510）建，现为全国重点文物保护单位。

京城这三座承恩寺都曾辉煌过，其中最传奇、最著名的莫过于京西模式口承恩寺，引起多方关注。本文考证的就是京西模式口承恩寺的历史轨迹和发展脉络。

一、建寺功德主温祥其人其事

1.司礼太监温祥买地建寺

关于京西模式口承恩寺的创建者，网上和坊间曾流传是大太监刘瑾，其实不然。从现残存寺内的正德八年（1513）明武宗颁赐承恩寺的敕谕碑和《大明故僧录司左觉义兼承恩堂上开山第一代住持寿堂永公大和尚塔院碑记》可知，承恩寺创建者确实是一位司礼监太监，但不是刘瑾，而是温祥，并且承恩寺在正德五年动工兴建之际，刘瑾已经被皇帝处死了。

敕谕碑有的文字缺失，但关键字句都在，碑文云："司礼监太监温祥□□□□□□□□入禁庭，小心畏慎，绩学内馆，器业进修，朕在春宫……竭诚佐理□朕□□祥尝以□耳禄□□□于顺天府宛平县香山等乡买民人王鼎等地四顷有余，于内盖寺一区，旁置祠堂、茔域，以为□□之计。又于田村买锦衣卫右所百户赵弘远等地三顷有余，以供香火之需。"由此可知，承恩寺为温祥买地私建，庙地加香火地多达七顷余。温祥担心有权势的人觊觎侵吞庙产，于是请求正德皇帝为他下圣旨，除照章纳税外，"但乞优免一应杂泛差徭，又乞升僧人宗永为僧录司左觉义金书管事兼本寺住持，领众焚修"。正德皇帝对温祥提出的请求一一予以允准："朕皆允其所请，赐寺额曰承恩。尚虑日后势豪之人侵扰盗卖，兹特降敕为之禁约，以示朕宠遇旧臣及于久远之恩。自今以后，内外官员、附近军民僧俗人等，敢有不遵敕旨者，必罪不宥。宜悉知之。故谕。"还称赞温祥建庙是"为国祝延，以图补报，具见其忠爱慈惠之意"。

碑文还透露，早在武宗身为太子之际，温祥就是他朝夕相伴的内官，备受器重和宠信。武宗登基之后，马上提拔温祥为司礼监太监。正德元年（1505），都给事中张文等请裁内臣冗员的奏折中提到"温祥、范亨、徐智、王岳骤至司礼[①]"，但武宗对他们的建议置若罔闻。到武宗为承恩寺撰写敕谕碑文的时候，温祥已当了八年的司礼监太监。武宗除免了承恩寺香火地的差徭外，还特意赐寺额、下圣旨，严禁别人侵盗承恩寺庙产（图一）。温祥派人将这道敕谕刻碑立石，树在承恩寺大雄宝殿前，以示天恩浩荡。

正德十年（1515），已致仕的大学

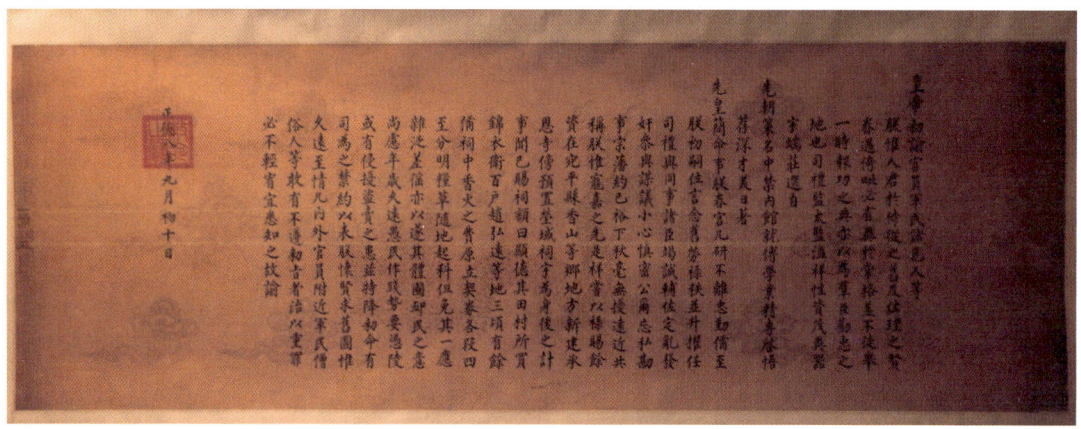

图一 首都博物馆藏承恩寺明正德八年敕谕

士李东阳撰《承恩寺记》。此碑已不存，《日下旧闻考》录有碑文②。距模式口不远的高井村原有承恩寺老塔院，里边埋葬着承恩寺开山住持永公等十多位僧人，永公墓碑中也提到承恩寺的创建者司礼太监温祥。承恩寺现存道光三十年（1850）《重修承恩寺碑文》记载承恩寺是温公所建，重修各殿后又在后殿（今名法堂）之后添建房屋数楹，刻温公木像一尊供于内，经常祭祀③。民国时期周肇祥在《琉璃厂杂记》中写道："下山趋北辛安车站，过承恩寺，正德八年司礼监太监温祥材建，有敕谕刻石。十年，李东阳为撰碑，语甚推重。"④凡此种种，都证明温祥建承恩寺是毫无疑问的了。

温祥，《明史》中无传，敕谕碑等碑文和地方文献记述他是司礼监太监。北京大钟寺古钟博物馆观音殿展厅中有铸造于正德八年的"三十五佛名钟"（图二），钟体铭文中有"司礼监太监温祥"等人名（图三）。"司礼监乃朝廷机密重地"⑤。明中叶后司礼监直接听命于皇帝，阁臣的"票拟"由司礼太监负责转呈皇帝，司礼监代皇帝审批阁票，与内阁对柄机要。《明史》称："然内阁之拟票，不得不决于内监之批红，而相权转归之寺

图二 大钟寺古钟博物馆藏正德八年"三十五佛名钟"　　图三 "三十五佛名钟"铭文中出现温祥及官职

人。于是朝廷之纪纲，贤士大夫之进退，悉颠倒于其手。"⑥

《明史》中温祥总共出现过三次，涉及两桩谋反案；《明实录》《弇山堂别集》里出现温祥名字若干次，有关他外出公干和封赏，显示出温祥作为司礼监太监的特殊权力和地位。

2. 奉旨调查朱当㳂谋反案

朱当㳂是明太祖朱元璋第十子鲁荒王朱檀的玄孙、鲁王朱阳铸的儿子，生性勇武强健，曾得到过朝廷的褒奖。他得罪了府中的长史马魁，被陷害卷入一起编造的谋反案并被说成是主谋。他的父亲信以为真便向朝廷举报了，正德皇帝派司礼太监温祥、大理寺卿王纯和锦衣卫指挥韩端亲自去兖州按问。被编造的案子经不起推敲，很快水落石出。可马魁不甘心，一边继续编造，一边行贿负责审讯的太监毕真。毕真不为金钱诱惑，公布了马魁的罪行。真相大白，朱当㳂是无辜的。但正德皇帝居然以"违祖制私藏兵器"的罪名夺去朱当㳂的爵位，废为庶人，送凤阳高墙禁锢终生。朱当㳂得知真情后，痛哭失声，撞墙身亡⑦。在这起案件中，温祥奉旨调查审讯，以太监的身份参与司法断案，在明代只有受皇帝信任的大太监才享有这样的特权。

3. 协助逮捕准备谋反的江彬

正德十六年（1521），膝下无子的武宗朱厚照驾崩，首辅杨廷和与张太后谋划以武宗的堂弟朱厚熜继位，并欲联手擒杀意欲谋反的江彬，温祥参与了这一重大事件，为嘉靖帝（即世宗）入嗣大统扫清了障碍。关于此事，《明史》中有两处记载，意思大同小异。"及帝崩，大学士杨廷和用遗命，分遣边兵，罢威武团练营。彬内疑，称疾不出，阴布腹心，衷甲观变，令泰诣内阁探意。廷和以温语慰之，彬稍安，乃出成服。廷和密与司礼中官魏彬计，因中官温祥入白太后，请除彬。"⑧温祥作为内朝和外朝的联络人，参与了整个谋划过程。朱厚熜即位后，温祥因参与捕捉江彬有功于朝廷社稷，得到皇帝的信任和重用，在内廷外朝树立了崇高的威望。

4. 温祥在正德、嘉靖两朝获得的赏赐和殊荣

正德元年，温祥等人骤升司礼监太监。尽管大臣议论纷纷，上书建议裁撤，但武宗置之不理。这时，最受武宗宠信的太监是刘瑾等人，温祥虽然跻身司礼监，但不是核心人物。

正德五年，"以宁夏功，加张永禄米岁四十八石……寻加司礼监太监温祥、赖义、谷清、秦文、范宣、张钦禄米岁各十二石，赏银一百两，彩币四表里。"⑨太监张永亲自带兵打仗，理应受封赏，而随后赏赐温祥等人，极有可能是由于诛灭刘瑾。温祥原本不是刘瑾的党羽，肯定厌恶刘瑾的飞扬跋扈，在诛灭刘瑾过程中积极配合，只有这样论功行赏时有他才合情合理。

正德七年（1512），司礼太监温祥与刑部侍郎戈瑄、锦衣卫指挥韩端一起调查奏报岷府非时索取、勒索民财、荒淫放纵、内部纷争等⑩。调查勘问藩王内部纷争案件，反映了明朝司礼监太监插手司法大权的事实。

正德八年，承恩寺建成，武宗除颁赐前文提及的敕谕外，还颁赐了另一道敕谕，其中对温祥评价非常高："司礼监太监温祥，性资茂异，器宇端庄，选自先朝，策名中禁，内馆就傅，学业精专，启悟荐深，才美日著。先皇简命，事朕春宫，几研不离，忠勤备至。朕初嗣位，言念旧劳，禄秩并升，擢任司礼，与同事诸臣竭诚辅佐，定乱发奸，参与谋议。小心慎密，公尔忘私，勘事宗藩，约己裕下，秋毫无扰，远近共称，朕惟宠嘉之。"敕谕中特意提到"赐祠额曰显德"，以及在田村所买赵弘远三顷多香火地不必缴纳杂泛差徭，严禁愚民势要侵扰盗卖，请有司为之禁约，等等。这道敕谕与立在承恩寺大雄宝殿前敕谕碑在内容上互相印证，有

异曲同工之妙，反映出武宗把温祥视为忠心耿耿的股肱之臣，他对承恩寺的关照事无巨细，也是出于对温祥的宠信。

"（正德）十年，兵部上打鱼王山等处御房功，内批司礼监太监萧敬岁加禄米二十四石，温祥、赖义、秦文、张雄、张钦、蒋贵、韦霦、张淮等，御马等监太监谷大用、张永、魏彬、张锐俱岁禄米十二石，各荫弟侄锦衣卫世袭正千户。"⑪

"（正德）十三年，以应州功，太监张永、魏彬、张忠各岁加禄米二十四石，荫弟侄一人为锦衣卫正千户。……又加司礼监太监萧敬、温祥、赖义、秦文、张钦、蒋贵、韦霦、张淮、李英，团营太监谷大用，东厂太监张锐，岁禄荫官如张永等。"这次赏赐司礼监温祥等的理由是"典司机务，慎重安详"⑫。

《弇山堂别集》又记："以应州功，升荫锦衣卫指挥使秦玉为都督同知，指挥同知魏天祥、温得为指挥佥事……"随后说魏天祥、温得等升官的15人都是太监魏彬、温祥等人的弟侄，有的居然是冒充家僮、表侄、表兄，可见明中期宦官冒荫之滥。温得因温祥的受宠而荫升锦衣卫指挥同知，又因应州功荣升为指挥佥事，经过重新报功，改为都督同知⑬。

"（正德）十四年，以营建乾清宫，定磉，荫总理提督御用监太监张永，东厂太监张锐，内官监太监刘瑢，御马监太监孙和，团营太监谷大用，司礼监太监萧敬、魏彬、温祥、赖义、秦文、张钦、韦霦、张淮、李英，弟侄各一人为锦衣卫正千户……"⑭乾清宫还没建完，武宗就找个理由大行赏赐太监，赏赐之多、之广于此可见一斑。

嘉靖元年（1522），"七月，赍册宝往安陆州还"⑮。安陆州是嘉靖皇帝的发祥地，嘉靖元年，世宗改称他的生母蒋氏为兴国太后，又改生父兴献王为"本生父兴献帝"，将兴献王园寝升格为陵寝，称显陵，并以天子之礼祭祀。温祥应是奉嘉靖帝旨意到兴献帝陵寝送册宝，与《明世宗实录》中提到的嘉靖元年三月的史实相吻合："戊辰，遣官诣安陆上兴献帝尊号，命太监温祥督礼仪，成国公朱辅恭上册宝，礼部侍郎贾咏题神主。"温祥担当此次重大礼仪活动的监督，充分说明他已得到嘉靖皇帝的信任和倚重。

嘉靖三年（1524），命礼部右侍郎贾咏、工部右侍郎童瑞、司礼监太监温祥及礼科给事中刘勋、湖广道御史汪珊再诣茂陵相择寿安皇太后祔葬吉地⑯。寿安皇太后邵氏即明宪宗朱见深的贵妃，为明世宗朱厚熜的亲祖母。温祥奉命为帝后安葬陵寝事宜，属于司礼监太监的分内之事。

嘉靖九年（1530）三月，敕吏、兵二部："朕入继大统，赖尔内外文武勋戚大臣定策并迎立，各宣忠悃，保安社稷。今山陵及徽称大礼事毕，宜加殊恩，以答元功……司礼监各能同心赞襄大计，太监扶安、温祥、赖义、秦文、张钦、张淮各岁加禄米三十六石，荫他弟侄一人为锦衣卫世袭指挥同知……"⑰温祥等人的功劳在于"赞襄大计"，一是他们为世宗登基、捕江彬清障碍出了力，二是他们迎合了世宗即位后的"大礼仪""上尊号"等大事。温祥从正德皇帝的宠信延续到了嘉靖帝这里，很大程度在于他除江彬时的突出表现。

之后，世宗的藩邸太监逐渐把持了司礼监的要职和东厂，不再有温祥被赏的记录。但执行司礼监公务的记录还是有的：一是嘉靖二十一年（1542）八月，奉孝康敬皇后神主祔庙，止命中官温祥祭告几筵奉主入庙，诸所议奉安礼皆不行⑱；二是嘉靖二十四年（1545），楚王显榕为其世子英耀所弑，上敕司礼监太监温祥、驸马都尉邬景和、刑部左侍郎喻茂坚、锦衣卫都指挥使袁天章往会抚按官勘实以闻⑲。从这两件事看，温祥参与孝康敬皇后神主祔庙的礼仪，属于司礼监职责范畴内的公务；参与朱英耀弑父案的司法侦讯，这是明朝皇权赋予司礼监受宠太监的特权，插手、干预司法诉讼，处理藩王内部纷争。

5. 温祥在司礼监的职务

温祥在司礼监到底任何职务？以前的碑刻和史书都没有明确记载。2010年11月，石景山区五里坨净德寺附近出土《皇明司礼监管监事太监郑公墓志铭》一通，墓主郑真生于正德十二年（1517），大约在嘉靖十五年（1536）左右入宫。铭文记载："公雅重不群，年甫弱冠，选入内庭，系隶司礼监秉笔太监张公钦名下，识公气宇作养异众。时张公奄逝，又奏派本监秉笔太监温公祥名下，育养同前。"[20]由此得知，郑真入宫后先后拜了两位恩师，一位是司礼监秉笔太监张钦，张钦去世后，他又拜另一位师父——司礼监秉笔太监温祥。"内竖初入宫，必投一大珰为主，谓之名下"[21]，刚入宫没有名分的小太监首先得拜师，郑真先后拜的两位师父张钦和温祥，都是位高权重、炙手可热的司礼监秉笔太监，对他日后的升迁颇为有利。郑真墓志解决了一个悬疑的问题，那就是温祥的官职是司礼监秉笔太监，应是他的最高职位。

司礼监，"掌印太监一员，秉笔、随堂太监八九员或四五员……凡每日奏文书自御笔亲批数本外，皆众太监分批。遵照阁中票来字样，用朱笔楷书批之。间有偏旁偶误者，亦不妨略为改正。掌印秩尊，视元辅。其次秉笔，其次随堂，如众辅焉。……其余大小衙门，遇有应题奏之事，皆先关白司礼监掌印、秉笔、随堂而始行。"[22]《万历野获编》记载更详："司礼今为十二监中第一署。其长与首揆封柄机要，贴书、秉笔与管文书房，则职同次相……"[23]司礼监掌印相当于外朝的内阁首辅（即宰相），司礼监秉笔职同次相，享有代皇帝批奏折的"批红"大权。可见，温祥在嘉靖皇帝眼里的分量和地位非同一般。

6. 温祥的晚年及身后之事

《酌中志》有一条记录，似乎温祥在万历八年（1580）时还健在。"一日，神庙偶醉，佩剑夜游，将一内官头发斫下，又杖二内官几毙。慈圣老娘娘知之，翌晨易青布袍屏簪珥，声言欲特召阁部大臣谒告太庙，将废神庙，立潞王，且先令喧传于宫中，神庙恐惧滋甚，跪泣久之始解。遂将客用、孙海斥逐，孙得秀、温祥、周海皆私家闲住。此万历八年十一月事也。"[24]明朝对犯法太监的处分，主要包括死刑、籍家（抄家）、革职、革荫、降职、调斥、杖笞等。《万历野获编》载："内臣获罪，祖宗时俱下法司，近代以来多自内批出。其轻者云：降作奉御私宅闲住。盖犹为六品官也。又降奉御者，或云'发南京新房闲住'，或云'往凤阳祖陵司香'。其重者降作小火者，发去南京孝陵司香，则无官矣。又重者，则云'降充净军''发去南京孝陵卫种菜'。其更甚者，至云'夹四夹''掭四掭''打一百，发南海子常川打更'，则示意杀之，十无一存者矣。"[25]温祥等三人"私家闲住"，就是针对职位较高、罪过较轻的太监，被革职而没有降职，原有的待遇不变，只能在私宅闲住养老了。

如果《酌中志》中提到的温祥就是承恩寺创建者温祥的话，那他极有可能出宫后到承恩寺养老，因为那里一来有他预先安排建造的茔地，二来他已经步入风烛残年。依《酌中志》推断，温祥从弘治时入宫，历弘治、正德、嘉靖、隆庆、万历五朝，在晚年因孙海、客用等太监的导引皇帝游玩罪受到株连，被革职闲住，可能会影响到他的身后之事。

需要指出一点，《酌中志》中提到温祥的这条记录目前为孤证，别处尚未见到相同记载，立此存疑。查《明神宗实录》关于此事的后续记载中，"宣谕内臣曰：孙海、客用凡事引诱朕无所不为，今降为小火者，安置南京。尔司礼监等既受朝廷豢养之恩，见朕偶尔昏迷，就应力谏，乃图朕一时欢喜阿顺不言，赖圣母慈海。今朕已改过，立逐奸邪，以后但有此等小人，即同举名来奏。"[26]还命令文书房宣示内阁阁臣张居正等处理未尽事宜，涉及的其余内监可以充净军。次日,万历帝对辅佐的阁臣们说,欲做尧舜之君,希望阁臣们经常劝谏。张居正等阁臣回奏,强调除恶务尽,"如司礼监太监孙德秀、温恭、兵仗局周海,罪状亦不在海、用二人下,宜一体降黜。其各监等官,俱令自陈老成廉慎者存之,谄佞放恣者汰之。"㉗文中涉及司礼监太监是孙德秀、温恭,想必孙德秀和孙得秀是一个人,但温恭跟温祥不可能是一个人,周海指明是兵仗局太监。如此看,这里对孙海等人的处理比《酌中志》要严重,可能这次处理跟《酌中志》的处分不是同一批次。又《弇山堂别集》言及此事,大学士张居正等阁臣认为皇帝把孙海、客用降作小火者,发去南京孝陵种菜的处分还不够,应该充作净军,皇帝同意了阁臣的意见,把孙海、客用的处分改成了净军。随后,张居正等又上书称引诱皇帝之人除乾清宫管事牌子太监孙海、客用外,还有司礼监太监孙德秀、温太、兵仗局掌印周海,"皆不良之人,其罪亦不在孙海、客用之下"㉘,也应该一体斥逐。这里每个太监的职务说的很明白,前因后果记述更详细,但未见"温祥",又出来个"温太",另两个人的名字同实录。

三处文献记载说的是同一件事,却出现三个同姓不同名的人,让人难以定夺。如果发现温祥墓志,这一切都会水落石出,而且会有更多关于温祥的生平事迹。遗憾的是,目前尚未在承恩寺周边发现他的墓葬和墓志,承恩寺碑中也没这方面的信息,只能从敕谕碑和个别文献的只言片语中推测到以上有关温祥的事例。

二、承恩寺建筑格局的奇特之处

承恩寺的寺庙格局有别于其他寺庙。其一,承恩寺整体格局呈"回"字形,内外有两层围墙,寺庙本身有一圈围墙,高2米多,中间隔一条夹道,夹道外设一圈更高围墙,高约6米,外层围墙四角各有一座石砌碉楼,这种格局在国内寺庙实属罕见。其二,钟鼓楼的位置不在天王殿前,而在其左右,不是独立的建筑,而是在天王殿左右的转角处起阁。其三,承恩寺的大殿正脊为大式硬山,屋顶级别低于山门殿和天王殿的歇山式。其四,寺庙北部有大空场,令人遐思。下面,根据笔者的调查,试做分析。

1. 四座碉楼和"回"字形建筑格局

承恩寺四座碉楼由巨石砌成,长方形,村民们称箭楼,分居寺院的四个角上,也称角楼(图四)。碉楼原来上下三层,现仅存二层,底长12米,宽约9米,残高8.2米,推测完整时应高达十米。墙体逐渐上收。底层墙壁厚达1.52米。周边是环形拱道,拱顶为砖,有石阶通往上一层。拱道环绕一间石室,面积约8平方米,墙壁石砌,顶为砖砌拱券。二层遗留不完整,有石阶可登临。石窗很有特点,一层多为古钱币形,整石制成,古朴玲珑;二层为栅栏形,四面都有,且窗架石巨大坚厚。它们古朴实用,便于采光、通风、瞭望。东南碉楼二层坍塌,上面长有古槐树,树龄有一二百年(图五)。碉楼整体给人的感觉是敦实坚固,形制独特。相传碉楼之间有地道相通,可以互相往来。

这四座碉楼引发了很多人的猜测,众说纷纭,有的说是军事设施,有的说关押犯人,有的说观景台,有的说是特务情报

图四 承恩寺西北角碉楼

图五 长出古槐树的东南角碉楼

机构的外围，有的说是仓库，不一而足。流传的种种传说更让承恩寺增添了无限神秘色彩。

首先，澄清一个事实，北京的寺庙里建碉楼，不独承恩寺一家。海淀区的全国重点文物保护单位摩诃庵，在寺庙四角建碉楼四座，观景最佳，后被魏忠贤命令拆毁西面一座，现存三座碉楼。《日下旧闻考》《帝京景物略》均有记载。石景山区的皇姑寺（显应寺）有一座碉楼，残存半截，民国时有洋人拍摄了完整的碉楼照片。离承恩寺一里之遥的模式口慈祥庵，民国时大殿东北角有碉楼一座。

其次，承恩寺的原有庙产很大，除了模式口大街现在庙址外，田村有其香火地，庙北、庙西还有不少山地、塔院，跨过模式口大街，在大街南边有很大一片，叫南园（现北京市九中），也是承恩寺的庙产，据老人们讲南园里曾经有碉楼，还不止一座。

那么，承恩寺碉楼的功能是什么呢？张驭寰在《中国佛教寺院建筑讲座》中提及全国多处类似这种建造有"城池"的寺院，包括北京承恩寺。他说："经济实力雄厚的寺院必然要维护僧众安全，组织防御，以免遭到意外，所以寺院都建有围墙。但这是远远不够的……要进一步实现防卫措施……就出了寺院建设城池的情况。"[29]文中还列举了多处建造规模超过承恩寺和摩诃庵很多的寺院城池。张国雄认为："古格遗址的碉楼表明，这种建筑因其登高望远、预警防卫的功能，不仅仅被乡村民众采用，也是城镇的重要附属建筑。其实远不止于乡村、城镇，在其他建筑场所中也有碉楼的建造。如位于北京石景山、建于明朝正德年间的承恩寺院内的四个角就各建有一座石砌的碉楼。"[30]李卫伟在《谈北京承恩寺与摩诃庵"碉楼"建筑》中推理："这两座角楼是防御小规模盗贼且兼有观赏风景功能的建筑物。"[31]

通过多次踏勘，笔者认为承恩寺碉楼的建造和功用是综合性的。模式口古隘口在军事上是天险，早在三国时期，曹魏的镇北将军刘靖派军士千人在模式口附近修筑北戾陵堰，开车箱渠，引永定河水灌溉种稻，实行军事屯田[32]。明代时模式口设千户所，由千户把守。清代时模式口上升为镇，千总驻镇，有围墙，沿街有四个门洞，有兵丁站岗瞭望，入夜东西门洞关门落锁，车辆行人不得通行。承恩寺财力雄厚，庙地多达七顷余，因为离隘口和古道太近，碉楼等设施主要功能恐怕是防御兵匪盗，平时它作为寺庙本身的防御设施，防匪防盗，保护庙产；战时作为寺庙本身的军事设施，免遭战火和兵祸。如果真像传说的那样有地道相通，则更易于防守和调度。如此一来，四座碉楼、高大的围墙、"回"字形的建筑格局，倒完全可以理解为保护中间寺庙本体的防御性设施。

综上，无论是承恩寺、皇姑寺，还是慈祥庵、摩诃庵，基本上都处于昔日京西古道途中，都有平时防范匪盗、战时防范兵马侵扰的必要，这大约是这些寺庙建碉楼的主要原因吧。

2. 天王殿倒座房、转角房上起阁的钟鼓楼

天王殿左右各有倒座房、转角房六间，转角处为起阁式钟鼓楼，设计精巧，独具匠心，原有彩画已暗黑不清，部分重新油饰。楼梯陡峭狭窄，上部空间非常局促，估计放置的钟鼓也不会太大。

明代时寺院布局趋于成熟、定型，

钟楼和鼓楼一般建在山门殿之内、天王殿之前的左右位置，为两座单体建筑。像承恩寺这样安排钟楼、鼓楼在天王殿转角处的方式，国内罕见（图六）。究其原因，可能跟承恩寺的地理位置有关。承恩寺后面是山坡，前面临街，平地建设空间较小，外围墙四角建了四座高大的碉楼，如果再建设两座钟鼓楼，其余殿堂安排势必会显得拥挤。而在天王殿转角起阁，节约了有限平面空间，留出山门殿和天王殿之间左右的空地种植花木，充分利用天王殿转角处高空起阁建钟鼓楼，与邻近的两座碉楼、大殿、后殿等建筑及遍布寺院的银杏、松柏、碑刻等景观形成参差错落、相互呼应的视觉美感，起到了调节建筑节奏感和韵律感的作用，既实用又美观，在设计上堪称绝妙。

3. 大雄宝殿屋顶级别低于山门殿和天王殿

承恩寺的大雄宝殿面阔五间，殿顶为硬山，级别低于山门殿和天王殿的歇山式。为什么会这样呢？合理的解释是，大雄宝殿和山门殿、天王殿不是同一时期的建筑。承恩寺山门殿三间，中间一门，两面为券式石窗，高于模式口街道近五米，门前有十几级台阶，殿顶为歇山式，彩画为明代风格（图七、图八），殿堂应建于明代。天王殿面阔三间，现存六铺壁画，东西墙四铺壁画各绘一腾龙，北墙绘两幅"放生图"，经专家鉴定为明代壁画，该殿也是明代建筑无疑（图九、图一〇）。

而大雄宝殿无论从建筑式样还是彩画装饰风格，都明显为清代中后期特点。文献对承恩寺殿堂形制没有记载，明武宗的敕谕碑和李东阳的《承恩寺记》也没有涉及，只是现存寺庙的碑刻中提到承恩寺在清朝重修过三次，一次在乾隆二十二年（1757），后两次在道光年间。按常理，从正德八年到乾隆二十二年的二百余年间，不可能没有重修。承恩寺东有"敕封三界伏魔大帝庙"（俗称关帝庙），一直是其附属寺庙（图一一），建于明万历年间，也许建关帝庙的同时对承恩寺有所修缮，只是失于记载。

道光二十三年（1843）《重修承恩寺碑》立在大雄宝殿前（图一二、图一三），记述简约："于是构料鸠工，以新庙貌，计六十日，精舍告成，而殿宇遂以改观焉"，对中轴线殿堂形制没有详细描述，提到乾隆二十二年重修过，目前未见到乾隆碑刻实物和相关文献记载。大雄宝殿前还有清代捐款人名碑一座，上面布

图七 承恩寺山门殿

图六 东侧钟楼与碉楼

图八 承恩寺山门殿正梁上梵文彩画

图九 承恩寺天王殿

图一〇 承恩寺天王殿大梁彩画

图一一 建于万历年间的承恩寺关帝庙

图一二 道光二十三年重修碑

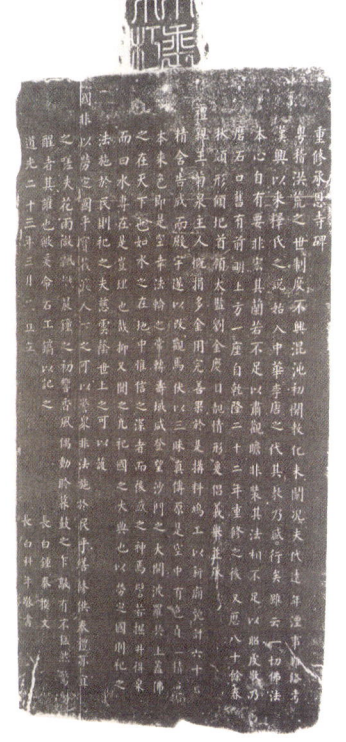

图一三 道光二十三年重修承恩寺碑文拓片

满密密麻麻的人名和捐款额，字迹略显模糊。道光三十年（1850）承恩寺又修过一次（图一四），碑文中有道光二十三年重修内容："道光癸卯年间修葺前殿、山门及后殿等，其他则欲修而未果。"前殿应该指大雄宝殿。本次重修比前一次修的规模大，除了重修前次遗漏殿屋，还在后殿之后添建房屋数楹并"移温公供奉其中"，承恩寺再度"金碧辉煌，□林麓山光相掩映，洵足以壮观瞻，称盛举也"[31]。借此推测，承恩寺大殿屋顶级别应该是在

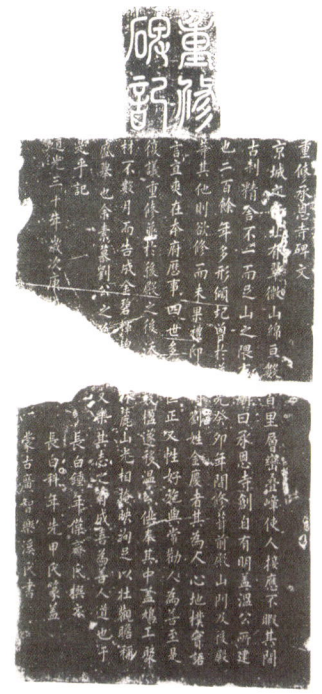

图一四 道光三十年重修承恩寺碑文拓片

图一五 承恩寺北空场上的地基

这三次重修中改变的,可能因毁坏严重不得不重建,又因资金不足未能恢复原来的形制。

4. 寺庙北部的空场

承恩寺占地19000平方米,现古建集中在南半部分,在寺庙北侧有一空场,面积约6000平方米。这个空场引起人们猜测,有说是操练兵马的,有说是练武场,不一而足。

承恩寺现有古建121间(含关帝庙),新建82间。民国二十年(1931)北平社会局登记庙产[34],承恩寺房屋125间,附属房屋115间,均属古建,比现在古建总数多出119间,这些房屋只能分布在庙宇围墙内,多出的房间应该有一些分布在北侧空场上。

石景山地区于1948年12月17日解放,承恩寺被模式口村委会接管。1952年,承恩寺成为北京九中学校的一部分,天王殿作为教师办公室、配殿作为学生教室使用。查阅1958年全国第一次文物普查资料,承恩寺示意图上标的古建有山门、天王殿、正殿(大雄宝殿)、后殿及配殿,空场已经存在。

2000—2004年,市、区两级大规模修缮承恩寺时,对寺北的空场做过初步勘察,发现有建筑基础等遗存(图一五)。笔者曾经走访过一些本地老人,据老人们说,承恩寺这片空场上原来有殿房,人们把它叫做"大庙",还有说亲眼见过。2017年夏天,笔者与故宫古建专家一起实地勘察,在靠近西北碉楼往东南十几米的地方发现砖石铺砌的遗迹,说明以前确有建筑在其上面。

---

① (明)王世贞:《弇山堂别集》卷94,中华书局,1985年,第1789—1790页。

② (清)于敏中等:《日下旧闻考》卷104,北京古籍出版社,1981年,第1722—1723页。

③㉝《北京市石景山区历代碑志选》,同心出版社,2003年,第108—109页。

④ 周肇祥:《琉璃厂杂记》,北京燕山出版社,1995年,第133页。

⑤ (明)王世贞:《弇山堂别集》卷93,中华书

⑥《明史》卷72，中华书局，1974年，第1155页。

⑦《明史》卷116，中华书局，1974年，第3576页。

⑧《明史》卷307，中华书局，1974年，第7889—7890页。

⑨⑪⑭⑰（明）王世贞：《弇山堂别集》卷90，中华书局，1985年，第1731—1736页。

⑩《明世宗实录》卷90，中国台北"中研院"历史语言研究所校印本，1962年，第1919—1920页。

⑫（明）王世贞：《弇山堂别集》卷65，中华书局，1985年，第1226页。亦见该书卷90，第1731—1736页。

⑬（明）王世贞：《弇山堂别集》卷96，中华书局，1985年，第1838页。

⑮《明世宗实录》卷16，中国台北"中研院"历史语言研究所校印本，1962年，第505页。

⑯《明世宗实录》卷21，中国台北"中研院"历史语言研究所校印本，1962年，第610页。

⑱《明世宗实录》卷265，中国台北"中研院"历史语言研究所校印本，1962年，第52629—5263页。

⑲《明世宗实录》卷298，中国台北"中研院"历史语言研究所校印本，1962年，第56779—5678页，另见《明史·楚王植传》。

⑳见于《皇明司礼监管监事太监郑公墓志铭》，现存石景山区田义墓内。

㉑《明史》卷305，中华书局，1974年，第7804页。

㉒（明）刘若愚：《明宫史·木集》，北京古籍出版社，1980年，第24—25页。

㉓㉕（明）沈德符：《万历野获编·补遗》卷1，中华书局，1997年，第814—815页。

㉔（明）刘若愚：《酌中志》卷5，北京古籍出版社，2001年，第27页。

㉖㉗《明神宗实录》卷106，中国台北"中研院"历史语言研究所校印本，1962年，第2052—2054页。

㉘（明）王世贞：《弇山堂别集》卷100，中华书局，1985年，第1912页。

㉙张驭寰：《中国佛教寺院建筑讲座》，当代中国出版社，2008年。

㉚张国雄：《中国碉楼的起源、分布与类型》，《湖北大学学报（哲学社会科学版）》2003年第4期。

㉛李卫伟：《谈北京承恩寺与摩诃庵"碉楼"建筑》，北京市文物局网站。

㉜《三国志》卷15，中华书局，1973年，第464—465页。

㉞《西郊区承恩寺僧人秀林登记庙产、更换住持的呈文及社会局的批示、通知》，北京档案馆，档号J002-008-00326，1931年。

（作者单位：北京市石景山区文化和旅游局）

北方出土原始瓷产地研究综述

金志斌

1929年河南安阳小屯的考古发掘过程中，在殷墟文化层中出土了和甲骨文、印纹硬陶、白陶共存的原始瓷碎片，李济先生在发掘报告中称之为"带釉陶器"，推断其时代在殷商[1]。这是中国原始瓷的最早发现，并由此揭开了我国原始瓷考古发现的序幕。90年来，随着我国考古发掘工作的不断深入，在河南、河北、山西、陕西、山东、北京、浙江、江西、湖北、安徽、江苏等南北方大部分省市都有原始瓷的出土。其中出土数量最多、年代序列最完整的是江西、浙江两省，其出土的商周原始瓷无论产量、品种，还是原料、制作工艺诸方面均代表了我国当时原始瓷生产的最高水平，而且两省还发现了时代较早的原始瓷窑址。

原始瓷作为陶器到成熟青瓷的过渡产品，在我国陶瓷史中具有重要的历史地位，一经发现就引起了我国陶瓷界和考古界的高度重视，许多专家、学者对其进行了深入的研究，取得了丰硕的成果。北方地区出土的原始瓷主要集中在一些高等级的墓葬和遗址中，但没有在当地发现烧制原始瓷的窑址，这一现象引起了一些学者的注意，由此引出了对其烧造产地的研究。对于原始瓷产地相关问题的讨论，开始于安金槐先生1960年发表的《谈谈郑州商代瓷器的几个问题》一文，其认为"这些瓷器应当是在郑州附近制造的"[2]。之后，考古界和陶瓷界针对该文的观点展开了激烈的讨论，从此拉开了北方出土原始瓷产地研究的序幕。总结近60年来研究情况，研究成果颇丰，但是一直没有定论，主要观点有北方出土原始瓷为北方当地烧制（简称"北方说"）和北方出土原始瓷为南方地区烧制（简称"南方说"）两种，近年又有一些学者提出"北方说"和"南方说"相结合的新见解，暂时简称"二元说"。

一、"北方说"

20世纪60年代初，安金槐先生提出了"北方说"的观点。他先后撰写了四篇相关论文[3]，坚持认为北方原始瓷应该为本地生产。首先在《谈谈郑州商代瓷器的几个问题》一文中，他提出郑州商代瓷器不是从其他地方运来的。他说："郑州附近盛产制瓷器的高岭土和釉料，就地取材制作瓷器，是有利条件。"而且郑州商代瓷器与同期陶器的器形、纹饰关系十分密切；更重要的是，"在郑州商代遗址中曾发现两片被烧裂的残瓷片，如果商代瓷器是由遥远的外地输入的话，难道能把烧毁的瓷器也一并运来吗？所以这些瓷器应当是在郑州附近制造的"。在《对于我国瓷器起源问题的初步探讨》一文中他又指出，"另在洛阳出土的西周原始青瓷器中，也发现有一些被烧胀和烧裂的残品"，最后得出结论："河南地区出土的商周原始青瓷器，就是在河南烧制的。同时我也认为各地出土的商、周原始青瓷器，也都是可能是在当地烧制的"。在《河南原始瓷的发现与研究》一文中他指出："商、周时期是我国南北地区文化交流的兴盛时期，随着原始瓷器的出现和烧造工艺技术的南北交流，各地都会在瓷土作原料烧制的白陶与印纹硬陶的基础上，在当地烧造出具有地方特点的原始瓷器。因而南北地区商周时期的原始瓷器之间，在器形、纹饰和釉色有些共性是正常现象"，"所以我们认为河南出土的商周原始瓷器就是在当地烧制的。"在《试论洛阳西周墓出土的原始瓷器》一文中分析了洛阳西周墓出土的原始瓷器的形制特征，认为和洛阳西周同类陶器比较接近而和长江以南地区的西周出土原始瓷器的形制与器表纹饰相距较远，因而认为"洛阳西周原始瓷器应是在当地烧制的"。

李科友通过比较吴城遗址和其他商代遗址出土原始瓷后，认为在胎骨原料、烧成温度方面基本相同且基本属于瓷器范畴，而在烧成气氛、釉料配方及器形种类上又存在一定的差距，最后认为"远在三千四、五百年前的商代中期，我国南北各地就已能普遍利用瓷土来制造原始瓷器"[4]。

张剑以河南洛阳北窑出土的原始瓷器为出发点，对南北方原始瓷器进行了比较，认为南北方原始瓷器虽然化学成分相同，但北方原始瓷器釉色以淡青色为主，南方则以黄绿和酱褐色为主，并且器形和种类上北方各地出土的西周原始瓷器非常接近，而与南方出土的西周原始瓷器存在很大的差别，从而得出商周时期南北方原始瓷器属于两个系统、北方原始瓷器由南方传入的观点[5]。

卢建国发现一些明确在陕西烧造的宋金时期瓷片的化学成分与屯溪西周瓷器、吴越青瓷相当接近，由此"对张家坡西周陶瓷烧造地区分析攀比的研究方法发生疑惑，对所作推断发生怀疑"。然后在分析比较了各地瓷器的形制和纹饰后指出，"由此可见，陕西、河南的西周瓷器，特别是张家坡西周瓷器，应该是当地或附近地区烧造"[6]。

罗西章则以周原出土的原始瓷为出发点，对周原和安徽屯溪出土的西周原始瓷进行了比较，认为"两地器物的造型、纹饰和风格截然不同"，他随后又根据在周原发现的瓷器废品、残次品和陶窑结构，认为"周原陶瓷就是在周原境内烧造的"[7]。

钱益汇通过对比山东出土原始瓷与中原原始瓷、吴城原始瓷在器类、纹饰、釉色等方面的异同，认为"山东发现的商周原始瓷器是当地烧制的"[8]。

梁中合认为山东出土原始瓷器与同期的陶器在形制上缺乏必然的联系，在纹饰的装饰风格上也有很大的差距，"所以这批原始瓷器应该不是当地烧制的"，但是和中原出土原始瓷器在胎质、釉色、纹饰、器形方面都有密切联系，所以认为"这批原始瓷器是来源于中原王朝的赏赐或交流的产物"[9]。

朱剑、王昌燧等学者测试了吴城、郑州商城、垣曲商城、黄梅山、汤家墩5个商周遗址出土的原始瓷、硬陶的微痕量元素组成，并利用多元统计分析得出北方商代遗址出土原始瓷微痕量元素组成相近，但明显不同于吴城等其他地区的原始瓷，而且不同地区的原始瓷基本可以各自聚为一类，因此他们认为自己的结果"不支持我国北方的商代原始瓷来源于南方"的观点，暗示"我国古代的原始瓷具有多个产地"[10]。朱剑在其博士论文《商周原始瓷产地研究》[11]中进一步利用中子活化分析技术（INAA）分析了山东大辛庄和吴城的原始瓷及印纹硬陶样品，并经过多元统计分析后得出，大辛庄和吴城的原始瓷具有明显不同的化学元素组成特征，"应为各自独立在当地烧制的"，"我国商代北方同样有烧制原始瓷的原料与技术，商代原始瓷应具有多个产地"，最后结合其他各方面的讨论，得出"北方原始瓷应该为本地烧制"的结论。而王昌燧先生等在《原始瓷产地研究之启示》一文中则明确强调了"我国北方也产原始瓷"的观点[12]。

夏季、朱剑等学者运用古陶瓷粒度分析的方法对吴城、角山、黄梅山、大辛庄、小双桥、洛阳6个遗址的原始瓷胎料的石英颗粒进行了定量的分析，分析结果表明："南方原始瓷（江西吴城、江西角山、浙江黄梅山）胎料中的石英颗粒，其大小和分布相似。而北方各地原始瓷原料不仅与南方不同，且彼此之间也各不相同。北方各地原始瓷原料均含有'异源'的大颗粒石英。"最后认为"北方原始瓷的制瓷原料和南方明显不同，它们不可能是同一地区生产"[13]。

夏季、朱剑等学者测试分析了不同遗址出土的原始瓷的瓷釉成分，结果发现，我国各地商代出土的原始瓷的瓷釉助熔剂总量和组成明显不同，指出"这一事实有悖于原始瓷'南方起源说'，而明显有利于我国原始瓷的'产地多元说'"，并认为"瓷釉成分分析研究不仅可以反映瓷釉原料和工艺，同样也可以作为早期瓷器产地区分的手段"[14]。

朱剑、王龙正等学者采用XRF和XRD等科技手段测试了河南平顶山应国墓地出土的7件原始瓷样品，分析结果显示应国墓地原始瓷瓷釉的Ca/AL和P/AL值与已发表南方原始瓷数据相比明显不同，暗示其配方工艺与南方产品有所差别，认为"平顶山应国墓地原始瓷烧制地点不在我国浙江和江西等南方地区"[15]。

朱剑、宋国定等学者采用INNA方法对郑州小双桥和江西吴城遗址出土的34枚原始瓷片的化学元素组成进行了测定，并通过主成分分析认为小双桥遗址出土原始瓷的元素组成特征有异于吴城遗址产品，再加上样品中一枚烧胀的原始瓷器物，得出"小双桥遗址出土原始瓷应为本地烧制"[16]的结论。

孙新民、孙锦等学者对河南地区出土的夏商周原始瓷作了整理，并对其产地进行了探讨，从北方出土原始瓷年代最早、河南地区商代原始瓷尊与陶尊相似、北方遗址出土烧坏的原始瓷片等方面认为"在北方地区也有它的烧造地"[17]。

缪韵对洛阳西周原始青瓷进行类型学研究，认为在器类、器形、纹饰上各有其自身特征，而且与南方原始青瓷不同，属于北方原始青瓷系统，"是北方自己烧制的"，"可能是洛阳本地烧制的"[18]。

温星金对山西周代原始瓷从器物形制、制作工艺、胎釉特征上进行了分析，认为这批瓷器与南方同时期发现的原始瓷器有较大差别，更似中原王朝的器物，推测其"可能来源于洛阳、长安等地"，"中原在烧制白瓷、原始素烧瓷的基础上极可能生产出原始瓷"[19]。其后在《晋侯墓地原始瓷的来源》[20]一文重申了这一观点。后来，郭智勇、温星金等学者把研究对象扩大到山西地区出土的原始瓷，也得到上述结论[21]。

二、"南方说"

"南方说"最早的提出时间也是20世纪60年代初。周仁、李家治等先生先后对陕西张家坡和安徽屯溪出土的西周陶瓷碎片进行化学成分分析后指出，这些原始瓷碎片的化学成分与"北方青瓷"有很大差别，而与"吴越青瓷"都非常接近，认为两地西周原始瓷碎片可能是同一地区所烧制的，而且都是南方烧制的，初步认为"可能是吴越地区烧制"。夏鼐先生则在给这篇文章的按语中指出，"从这些陶瓷碎片的形制、纹饰的特点推测张家坡西周原始瓷碎片的烧造地区可能在南方"[22]。

冯先铭先生提出了两个线索。一是认为郑州出土青釉印纹尊的玻璃釉为广东地区汉墓釉陶器上的玻璃釉的特征，可能为广东地区早期产品；二是洛阳庞家沟西周墓出土的青釉四系罍肩部纹饰为江浙地区魏晋早期青瓷器肩部常见主体纹饰，可能是浙江地区烧制的[23]。

王业友通过比较发现，安徽屯溪西周墓葬中出土的原始瓷器的胎质、釉色、纹饰及器形和浙江、江苏出土的原始瓷器基本相同或相似，从而认为它们可能是同一个产地，也就是说这些原始瓷器可能是我国南方烧制的[24]。

程朱海通过对洛阳北窑西周贵族墓地出土的原始瓷胎的化学成分、显微结构及物理性质等研究后认为"洛阳西周青釉器胎的化学成分和矿物组成与浙江的原始瓷器非常接近，也与以瓷石为原料的浙江青瓷接近"，很可能就是在浙江烧造的[25]。

廖根深从胎釉化学组成、烧成温度及考古类型学等方面对中原商代印纹陶和原始瓷进行了研究，认为中原、南方出土的商代印纹陶、原始瓷具有十分明显的一致性，只能是文化直接传播的结果，而江西又是南方商代印纹陶、原始瓷的生产中心，从而得出中原商代印纹陶、原始瓷的产地应在以江西为中心的南方区。并提出"南方印纹陶、原始瓷烧造中心本身从商到周经历了从江西转移到吴越地区的历史过程"[26]。

孟耀虎认为晋侯墓地出土的原始青瓷来自南方，并进一步指出"晋侯墓地出土原始青瓷产于浙江的可能性较大"[27]。

李家治先生根据南北方出土的原始瓷的化学组成和出土情况，认为北方出土的原始瓷可能是南方烧制的，但同时也指出由于当时所掌握的原始瓷数据和出土情况还不够多，上述结论尚待进一步的补充和论证[28]。

后来，在收集到更多原始瓷数据及对古陶瓷研究不断深入的基础上，罗宏杰、李家治等学者结合多元统计分析方法，根据南北方出土原始瓷胎和釉的化学组成、工艺基础、北方出土原始瓷与本地区陶器和瓷器的关系以及南北方原始瓷的出土情况等多方面信息，对北方出土原始瓷的产地进行了讨论，结果表明："大部分北方出土的原始瓷器应为南方所烧制。"[29] 罗宏杰先生在其《中国古陶瓷与多元统计分析》[30]一书中以及李家治先生在其主编的《中国科学技术史·陶瓷卷》[31]中分别重申了上述观点。

古丽冰、邵宏翔等学者通过ICP-MS技术测定商代南北方出土古陶瓷的稀土元素，并对古陶瓷所包含的地球化学特征进行了探讨，为罗宏杰、陈铁梅等学者的"南方说"提供了科学依据[32]。

陈铁梅先生利用中子活化分析（INAA）技术测定了吴城、郑州、荆南寺、盘龙城、铜鼓山5个商代遗址出土原始瓷、硬陶及陶器胎的主微量元素，并通过多元统计分析得出5个商代遗址出土的原始瓷器都是由某一中心地区生产的，"吴城及其邻近地区就很可能是商代原始瓷器的生产与供应基地"，同时指出"生产中心不是一个遗址而是一个地区，另外我们认为应区别批量生产原始瓷器的地区与试图生产瓷器，甚至成功地生产少量原始瓷器的个别地点"[33]。

之后，陈铁梅先生再次利用INAA技术测定了吴城、郑州、荆南寺（前三个遗址同上次）、小双桥、安阳、周原、北京琉璃河和西安张家坡8个遗址出土原始瓷的常微量元素，并通过多元统计分析得出"新测量的5个商周遗址的原始瓷依然支持商周原始瓷南方生产的观点"，并根据新的研究成果提出"从殷墟晚期开始，除吴城地区外，出现了新的原始瓷生产供应地点或地区，它们似也在南方"[34]。

近年，陈铁梅先生将陶瓷生产看做社会经济的某种生产行业，在南北方陶瓷史的总体框架中并结合南北方不同的资源环境来探讨原始瓷的产地问题，通过分析、对比隋代以前南北方地区瓷业、南北方制瓷原料、瓷石的地理分布等问题，重申其支持"南方说"的观点[35]。

牛世山认为殷墟出土的硬陶、原始瓷和釉陶与代表典型殷墟文化的青铜器和大量普通陶器风格不同。从原料、技术、文化面貌等方面看，殷墟出土的硬陶、原始瓷和釉陶与湖南湘江下游地区和江西赣江流域以吴城遗址为中心的地区联系紧密，"赞同包括殷墟在内的中原和北方地区的商代原始瓷产自南方说"[36]。

黎海超、耿庆刚等学者将黄河流域商时期印纹硬陶和原始瓷器分开研究，全面分析、对比南北方各地材料的类型、考古背景，认为"黄河流域出土的商时期印纹硬陶和原始瓷器源于南方当无疑问，但并非来自单一地点。早、中商时期的材料主要源于盘龙城、吴城、池州等多个地点，其中可能有部分器物通过盘龙城转运至黄河流域。到晚商时期，随着盘龙城遗址的废弃，长江流域各地土著文化兴起。商王朝与长江流域土著文化间可能形成了新的资源流通体系，此时印纹硬陶和原始瓷器的来源地发生一些变化，但依然来自包括长江中游对门山——费家河类遗存和长江下游南山窑址的多个地点"[37]。

黎海超又对南方地区西周时期的原始瓷器进行了类型学分析，同时参考与生产体系相关的刻划符号的分布情况，依此讨论原始瓷器生产的分区问题。在此基础上，将南北方原始瓷器进行了全面对比，认为北方地区出土的西周时期原始瓷器大部分源于钱塘江流域，零星源于浙东、闽北等地区。但流通仅限于器物本身，南北方原始瓷器在使用组合上存在差别。此外，提出假设认为北方地区相当部分的原始瓷器可能通过"定制"方式进行生产，定制中心则在钱塘江流域，至于长江中游地区出土的原始瓷器则可能源于西周王朝的分配[38]。

三、"二元说"

汤毓赟从器类、纹饰、釉质、出土地点等方面分析了北方原始瓷的出土情况，再结合南北方文化交流情况，得出北方地区出土商周原始瓷器的产地主要是南方地区，但不排除北方当地烧造的可能，"据出土的实物分析，北方地区当时可能也烧造本地原始瓷，但因技术等原因，造成烧裂胀破、釉层缺失、脱釉等现象。总之，北方所见原始瓷大部分是南方输入的，当地所烧造的成品极少"[39]。

鲁晓珂、李伟东等学者对二里头遗址出土的部分白陶、印纹硬陶、原始瓷样品进行了化学组成、烧成温度、晶相组成和显微结构等实验，通过主成分分析、烧制工艺分析得出，二里头遗址原始瓷的两种不同胎料组成有可能存在多种来源，一种是南方生产的，另一种与北方白陶有某种联系[40]。

李清临对商周时期原始瓷的出土情况、原始瓷的形制与纹饰、制瓷原料的地理分布、制瓷的工艺技术基础、原始瓷的理化分析、商周之际的交通运输等相关因素进行了综合分析，认为"商周时期的北方原始瓷既有本地烧造的，也有来自南方地区的。而在西周后期至战国时期，南方地区原始瓷的生产与使用达到鼎盛期之时，因为实际需求等因素的限制，北方地区原始瓷的生产逐渐衰落并最终消失"[41]。

四、结语

综上所述，关于北方出土原始瓷产地的讨论由来已久，而且也一直是原始瓷研究的最大问题，也是最大争议之所在。"北方说"的主要论据是北方出土原始瓷在器形、纹饰、釉色等方面与南方出土原始瓷的差异性及同北方出土陶器的相似性，而且北方遗址中发现被烧胀和烧裂的残品；"南方说"的主要依据是南方发现大量原始瓷窑址，及北方出土原始瓷在化学组成上与南方出土原始瓷、后世瓷器的一致性。前者是直观的，但一定程度上也是主观的，多大程度才算差异或者相似的度，不同人的把握标准是不同的，而有时当带着论点去找论据的时候，主观性就更难避免；后者就显得客观一些，其讨论的是相对抽象的数据，并且越来越多地借助计算机进行多元统计分析。当然对于同一组原始数据，在多元统计分析过程中不同的选择可能会得到不尽相同的结果，也就是说，最后的分析结果会因不同的选择而带有研究者的主观因素。但是这些主观因素是"公开的"，其他人也能看到。借助计算机快速的分析过程，可以通过观察改变选项对分析结果的影响，帮助揭示变量间的关系和评估分析结果的可信度[42]。最后我们也意识到，原始瓷的产地研究仍将是今后原始瓷及陶瓷史研究的热点。

---

① 李济：《民国十八年秋季发掘殷墟之经过及其重要发现》，《安阳发掘报告》第二期，1930年。

② 安金槐：《谈谈郑州商代瓷器的几个问题》，《文物》1960年Z1期。

③ 安金槐：《谈谈郑州商代瓷器的几个问题》，《文物》1960年Z1期；《对于我国瓷器起源问题的初步探讨》，《文物》1978年第3期；《河南原始瓷的发现与研究》，《中原文物》1989年第3期；《试论洛阳西周墓出土的原始瓷器》，《安金槐考古文集》，中州古籍出版社，1999年。

④ 李科友：《略论江西吴城商代原始瓷器》，《文物》1975年第7期。

⑤ 张剑：《洛阳西周原始瓷器的探讨》，《景德镇陶瓷：中国古陶瓷研究专辑（第二辑）》，1984年。

⑥ 卢建国：《商周瓷器烧造地区再探讨》，《文博》1993年第6期。

⑦ 罗西章：《周原出土的西周瓷器》，《周秦文化研究》，陕西人民出版社，1998年。

⑧ 钱益汇：《浅谈山东发现的商周原始瓷器》，《中国文物报》2001年10月26日。

⑨ 梁中合：《山东地区商周时期原始瓷器的发现与研究》，《东南文物》2003年第7期。

⑩ 朱剑、王昌燧等：《商周原始瓷产地的再分析》，《南方文物》2004年第1期。

⑪ 朱剑：《商周原始瓷产地研究》，中国科学技术大学博士论文，2006年。

⑫ 王昌燧、朱剑等：《原始瓷产地研究之启示》，《中国文物报》2006年1月6日。

⑬ 夏季、朱剑、王昌燧：《原始瓷胎料的粒度分析与产地探索》，《南方文物》2009年第1期。

⑭ 夏季、朱剑、王昌燧：《原始瓷的瓷釉分析与产地研究》，《文物科技研究》第六辑，科学出版社，2009年。

⑮ 朱剑、王龙正等：《平顶山应国墓地出土原始瓷的制作工艺和产地》，《光谱学与光谱分析》2010年第7期。

⑯ 朱剑、宋定国等：《小双桥遗址出土原始瓷器的INNA分析》，《华夏考古》2015年第3期。

⑰ 孙新民、孙锦：《河南地区出土原始瓷的初步研究》，《东方博物》2008年第4期。

⑱ 缪韵：《洛阳西周原始青瓷概述》，《四川文物》2010年第3期。

⑲ 温星金：《山西周代原始瓷器的类型学观察》，《吕梁学院学报》2015第5卷第1期。

⑳ 温星金：《晋侯墓地原始瓷的来源》，《中原文物》2015年第4期。

㉑ 郭智勇、温星金：《山西地区原始瓷器及相关问题探析》，《山西档案》2016年第3期。

㉒ 周仁、李家治、郑永圃：《张家坡西周居住遗址陶瓷碎片的研究》，《考古》1960年第9期；《张家坡西周陶瓷烧造地区的探讨》，《考古》1961年第8期。

㉓ 冯先铭：《我国陶瓷发展的几个问题》，《文物》1973年第7期。

㉔ 王业友：《谈谈屯溪出土的原始瓷器》，《安徽文博》1983年第3期。

㉕ 程朱海、盛厚兴：《洛阳西周青釉器碎片的研究》，《中国古陶瓷研究》，科学出版社，1987年。

㉖ 廖根深：《中原商代印纹陶、原始瓷烧造地区的探讨》，《考古》1993年第10期。

㉗ 孟耀虎、任志录：《晋侯墓地出土原始青瓷》，《文物天地》2002年第2期。

㉘ 李家治：《原始瓷的形成和发展》，《中国古陶瓷科学技术成就》，上海出版社，1985年。

㉙ 罗宏杰、李家治等：《北方出土原始瓷烧造地区的研究》，《硅酸盐学报》第24卷第3期，1996年。

㉚ 罗宏杰：《中国古陶瓷与多元统计分析》，中国轻工业出版社，1997年。

㉛ 李家治主编：《中国科学技术史·陶瓷卷》，科学出版社，1998年。

㉜ 古丽冰、邵宏翔等：《感耦等离子体质谱法测定商代原始瓷中的稀土》，《岩矿测试》2000年第19卷第1期。

㉝ 陈铁梅：《中子活化分析对商时期原始瓷产地的研究》，《考古》1997年第7期。

㉞ 陈铁梅：《商周时期原始瓷的中子活化分析及相关问题探讨》，《考古》2003年第7期。

㉟ 陈铁梅：《在宏观和历史的视角下对北方出土商周原始瓷产地的再探讨》，《文物》2016年第6期。

㊱ 牛世山：《殷墟出土的硬陶、原始瓷和釉陶——附论中原和北方地区商代原始瓷的来源》，《考古》2016年第8期。

㊲ 黎海超、耿庆刚：《黄河流域商时期印纹硬陶和原始瓷器产地研究——以郑州商城和殷墟为中心》，《江汉考古》2017年第4期。

㊳ 黎海超：《论南方地区西周时期原始瓷器的生产分区及其与北方原始瓷器的关系》，《考古与文物》2017年第5期。

㊴ 汤毓赟：《从北方原始瓷出土情况看南北方文化交流》，《中原文物》2012年第1期。

㊵ 鲁晓珂、李伟东：《二里头遗址出土白陶、印纹硬陶和原始瓷研究》，《考古》2012年第10期。

㊶ 李清临：《商周时期原始瓷的产地问题再思考》，《华夏考古》2015年第4期。

㊷ 陈铁梅：《定量考古学》，北京大学出版社，2005年。

（作者单位：北京市文物进出境鉴定所）

北京市文物局图书资料中心藏《汉校官碑》拓本初探

高山流水

《汉溧阳长潘乾校官碑》，简称《校官碑》或《潘乾碑》，是为纪念溧阳长潘乾为地方办学的功绩所立石碑，是江苏省内现存的唯一一块完整汉碑。

字体方正淳古，有西京篆初变隶风范。东京中惟《衡方》、《张迁》二碑如其结构。[①]

方正古厚，已导《孔羡碑》之先路，但此浑融，彼峭厉耳。君子藏器，以虞为优，又按此碑与《武荣碑》石之宽广，字之大小，格之高古，皆相若，而各擅胜场处，则《武荣》之风华掩映，此碑之气韵沉雄，可称二绝。[②]

这是清方朔的《枕经堂金石书画题跋》和杨守敬的《评碑记》对校官碑的评价。历代学者对于此碑的研究多着眼于其独特的地理意义、文字书风转换及官吏学舍的史料价值。因此，本人立足于北京市文物局图书资料中心（以下简称资料中心）藏拓本，结合国家图书馆、北京大学等藏本，对录文及多版本图片进行比较梳理，使《校官碑》原貌更为清晰，为后续研究提供基础性材料。

一、原碑情况与研究简史

《校官碑》，东汉光和四年（181）十月廿一日造，南宋绍兴十三年(1143)溧水尉俞仲远得于固城湖滨（今南京市高淳区境内），后因战火遗于废墟。元至顺四年（1333）单禧于溧阳孔庙大门右侧发现此碑，并刻考《校官碑释文》及题跋碑立于其侧。明清至民国时期《校官碑》及《释文碑》几易其地，多有漫漶，1958年入藏南京博物院。

全碑阴文隶书，正文十六行，行二十七字。后有题名，上列三行，下二列各五行，又末一行为纪造年月。石质为麻石。额为阴文隶书四字"校官之碑"，下有碑穿。碑呈圭形，碑高五尺七寸，广三尺二寸[③]。

资料中心所藏拓本为卷轴装，外部写有民国张汉题签"汉校官潘乾碑　民国甲子春装"，轴内拓本右侧上方裱隶书旧签"校官之碑　雍"。拓本为淡墨拓，着墨尺寸高一百三十二点三厘米，宽七十七厘米。右上侧有毕沅、张汉题跋，拓本内多处有钤印。

此碑历经流离，但自发现起一直受金石学者的重视，研究成果不断。如：宋洪适《隶释》、元单禧《校官碑释文》、明杨慎《金石古文》、明都穆《金薤琳琅》、清翁方纲《两汉金石记》、清王昶《金石萃编》、罗振玉《雪堂所藏金石文字簿录》、方若《校碑随笔》、张彦生《善本碑帖录》等文章和著作中都有此碑的录文与考证。

二、递藏情况

现根据资料中心藏拓所钤印章情况，绘制递藏表格（表一）：

文物研究

表一 资料中心藏《汉校官碑》递藏情况简表

收藏者	生卒年	印鉴	跋文	藏者简介
毕沅	1730—1797	"秋帆"朱文印	南碑汉刻极少，潘乾碑旧拓尤难得。此本纸墨甚旧，四字亦完好，可宝也。秋帆识。	江苏镇洋(今江苏太仓)人，字缫蘅，一字秋帆，自号灵岩山人。乾隆二十五年(1760)进士，廷试第一，状元及第，授翰林院编修，次年官至湖广总督。通经史及小学、金石、地理，能诗文。有《灵岩山人文集》《灵岩山人诗集》等[④]。
齐嘉绍	清中期	"齐嘉绍印"白文印		字衣闻，直隶天津人。乾隆庚戌进士。嘉庆四年（1799）二月由内阁中书入直，官至江西盐法道[⑤]。
叶志诜	1779—1863	"叶氏平安馆审定金石文字"朱文印		湖北汉阳人，字东卿，晚号遂翁、淡翁，官兵部郎中。善书法，嗜古博学，尤擅长考订金石彝器，收藏甚多。曾得周鼎，置金山僧寺，名流皆赋诗，传为佳话。工诗。有《御览集》[⑥]。
张汉	1875—？	"张汉"白文印、"荆门张汉收藏秦汉以来金石文字之印"朱文印	碑出江苏溧水，旧拓不易，观整幅更足重，况四字完好乎？洵明拓无疑。甲子初夏蒙泉志。	字佩绅。湖北省荆门人。两湖师范学堂毕业。曾任清政府东三省总督徐世昌参谋。1911年辛亥革命时任湖北都督府顾问，后转任湖北禁烟局长，并被推为国民党湖北支部干事长。1913年由湖北推为第一届国会议员[⑦]。

收藏者	生卒年	印鉴	跋文	藏者简介
		"鳞桥娱情"朱文印		

三、版本考证

1. 考据字

马子云、施安昌所著的《碑帖鉴定》中言："所见之最早本为明拓，为数不多。四十余年前周季木藏一本，浓墨精拓本，解放后故宫收到王廉生旧藏之淡拓一轴，均为明拓，末行'光和四年'之'四'字未泐本。清初后'四'字即泐，其他字无大变化。"

张彦生所著的《善本碑帖录》中言："明拓本只见翁同龢旧藏本，末行光和四年，光字末笔不损，四字完好。又诸城王继祖氏本，清初拓光字末笔损，四字完好，其他无大变化，旧拓字口较清晰。"

仲威所著《中国碑拓鉴别图典》（此书所引用拓本为北京大学图书馆所藏翁同龢跋本）中言："清初拓本'光'字末笔已泐，但'四'字未损。嘉道拓本'四'字泐尽，有嵌蜡补字冒充明末清初拓本。清末拓本'和'字仅存'口'部，'禾'部不可辨，其他无大变。"

宗鸣安所写文章《百年金石缘》中曾对比明清拓本间考据字差异，如：第四行第二字"外"、第八行末一字"节"、第十行最后一字"礼"等。

《金薤琳琅》《增补校碑随笔》等书中均有提及。由此可见，《校官碑》断代

图一 北大藏翁同龢题跋的清初拓本

图二 国图藏嘉道拓本

文物研究

图三 宗鸣安藏陆和九题跋拓本

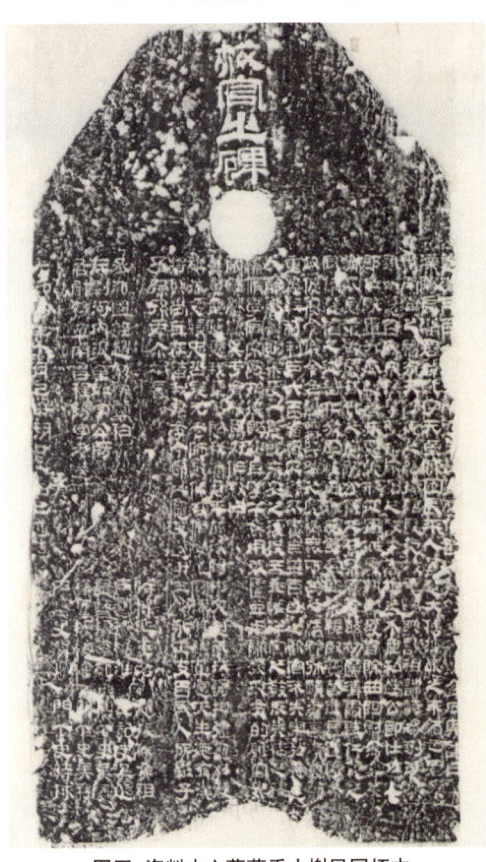

图四 资料中心藏藤香小榭民国拓本

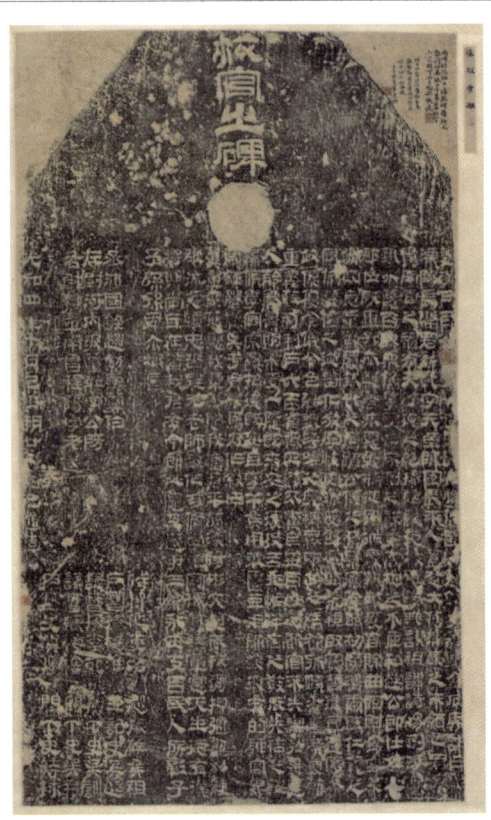

图五 资料中心藏毕沅等人题跋拓本

考据字主要为"光和四年"四字，以其他考据字为辅证。

2. 版本对比

从《中国碑拓鉴别图典》中翁同龢题跋的清初拓本可以看到，"光和四年"中"四"字未损，但"光"字末笔已损⑧（图一）。

从《北京图书馆藏中国历代石刻拓本汇编》中嘉道时期拓本可见，"四"字已损，"和"字左半部分不存，碑底部若干字已泐⑨（图二）。

宗鸣安所藏陆和九题跋所断明拓本中，十三行倒数第三字"刈"字上为"宠"字，明拓"龙"字大多可见⑩（图三）。

资料中心所藏钤"藤香小榭收藏"朱文印民国拓本中，"光和四年"中"四"字已损，"光"字缺末笔，"和"字左半部及碑底部若干字已泐（图四）。

资料中心藏毕沅等人题跋拓本中"光

和四年"四字完好，碑底部字迹基本清晰（图五）。

国家图书馆所藏明拓程荔江藏本中，有清黄易题跋及钤印、王懿荣等人藏印。以"光和四年"四字考据看，"光"字与《中国碑拓鉴别图典》中相同，"四"字基本完好，已有轻微泐损。

3.拓本对比

笔者所查到的较早拓本为故宫博物院藏邵锐题跋本（以下称"故宫本"[11]）、北大图书馆藏翁同龢跋本（以下称"北大本"[12]）、国家图书馆藏程荔江本（以下称"国图本"），以及资料中心藏本。由于国图本不能拍照，现将其余三本考据"光和四年"对比如表二：

通过对比可以看出，资料中心藏本"四"字略显扁平，疑为嵌蜡补字本。"故宫本"与"北大本""四"字未损，但"光"字末笔已损，"国图本"较以上两本又有轻微损泐，因此以考据字及纸墨判断，此三个版本皆应为清初拓本。

四、释文对比及拓本录文

《校官碑》录文最早出现在宋代洪适的《隶释》中，宋版《隶释》已无处可寻，在前人流转编集中，难免会产生考据差异。现将三版不同时期《隶释》对比如下，可清晰判断各版本间所存差异。

"1"以民国拓本元代单禧《释文碑》所录《隶释》为例；"2"以中国书店1985年影印的《金石萃编》中《隶释》为例；"3"以清同治十年（1871）洪氏晦木斋刻本为例。"＿＿＿"标注部分为篆书、隶书等其他字体书写形式，与现录文字体有差异，但书体形式可以查到；着重号标注部分为三种版本对照的差异所在之处。

从三个版本的对比中，可以很明显地看出差异之处。由于年代所限及所据拓本的不同，使版本产生差异。因此，笔者结合资料中心藏本、故宫本、北大本等拓本，参考《两汉金石记》《八琼室金石补正》《集古求真》等文献资料，尽可能还原碑文录文。

"＿＿＿"标注部分为篆书、隶书等其他字体书写形式，与现录文字体有差异，但书体形式可以查到；着重号部分为不同版本差异字最终选择出处。如"有天□德之绝捺，髦髦克敏"中的考据"捺""克"字因拓本字体清晰，在此仅录文不做赘述。录文如下：

蓋漢三百八十有七載，□□□于□□□□銘功，著斯金石。昪誅曰：/溧陽長潘君諱乾，字元卓，陳國長平人。蓋楚太傅潘崇之末緒也。君禀/資南霍之禋，

表二 故宫、北大、资料中心三种藏本考据字对比

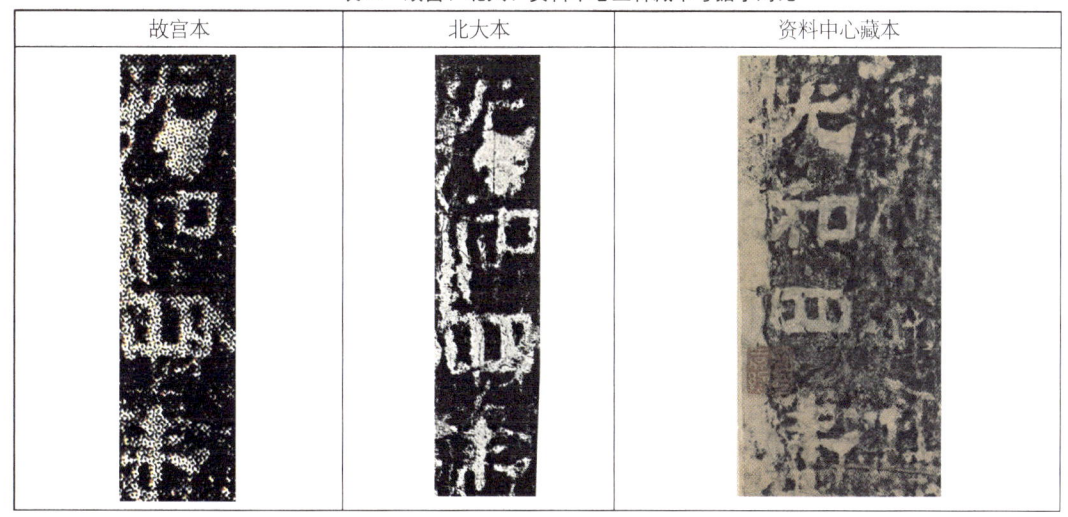

有天□德之絕揵，鬌髦克敏，志學《典謨》，祖講《詩》《易》剖演奧／藝。外覽百家，衆儶挈聖。抱不測之謀，秉高迿之介，屈私趨公，即仕佐上。／郡位既重，孔武赳菩，疾惡義形，從風征暴，執訊獲首。除曲阿尉，禽姦戔／猾，寇息蠹歡。履菰竹之廡，蹈公儀之絜。察廉除兹，初廇清肅。賦仁義之／風，脩□□之迹。埀化放摩岐周，流愛雙摩□□。親畋寶瞽，進直邌愿。甪／政優優，令儀令色。獄無呼嗟之冤，㭫無叩匈之結。矜孤頤老，表孝貞節。／重義輕利，制戶六百。省無正繇，不賣自畢。百姓心歡，官不失實。於是遠人，／聆聲景附，樂受一塵。既來安之，復役三季，惟泮宮之教，反失俗之禮，／構脩學宮。宗懿招德，既安且寧。

1	葢漢三百八十有七載，□□□于□．．．．銘工，著斯金石。昇誅
2	葢漢三百八十有七載，□□□于□□□□銘功，著斯金石。昇誅
3	葢漢三百八十有七載，□□□于□　□　銘功，著斯金石。昇誅
1	曰：/溧陽長潘君諱乾，字元卓，陳國長平人。葢楚大傅潘崇之末
2	曰：/溧陽長潘君諱乹，字元卓，陳國長平人。葢楚太傅潘崇之末
3	曰：/溧陽長潘君諱乾，字元卓，陳國長平人。盖楚大傅潘崇之末
1	緒也。君禀/資南之□，□□□德之絕捺，鬌髦□敏，□學《典
2	緒也。君禀/資南霍之禋，有天□德之絕捺，鬌髦克敏，□學《典
3	緒也。君禀/資南之□，□□□德之絕捺，鬌髦□敏，□學《典
1	謨》，祖講《詩》《易》剖演奧/藝。外覽百家，衆儶挈聖。抱不
2	謨》，祖講《詩》《易》剖演奧/藝。外覽百家，衆儶挈聖。抱不
3	謨》，祖講《詩》《易》剖演奧/藝。外覽百家，衆□挈聖。抱不
1	測之謀，秉高世之介，屈私趨公，即仕佐上。/郡位既重，孔武赳
2	測之謀，秉高迿之介，屈私趨公，即仕佐上。/郡位既重，孔武赳
3	測之謀，秉高迿之介，屈私趨公，即仕佐上。/郡位既重，孔武赳
1	菩，疾惡義形，從風征墓，執訊獲首。除曲阿尉，禽姦剗/猾，寇
2	菩，疾惡義形，從風征暴，執訊獲首。除曲阿尉，禽姦戔/猾，寇
3	箈，疾惡義形，從風征暴，執訊獲首。除曲阿尉，禽姦戔/猾，寇
1	息善歡。履孤竹之廡，蹈公儀之絜。察廉除兹，初廇清肅。賦仁
2	息蠹歡。履菰竹之廡，蹈公儀之絜。察廉除兹，初廇清肅。賦仁
3	息蠹歡。履菰竹之廡，蹈公儀之絜。察廉除兹，初廇清肅。賦仁
1	義之/風，□□□之跡。垂化放乎岐周，流愛雙乎□□。親賢寶智，
2	義之/風，脩□□之迹。垂化放摩岐周，流愛雙摩□□。親畋寶瞽，
3	義之/風，□□□之迹。垂化放摩岐周，流愛雙摩□□。親畋寶瞽，
1	進直退□。布/政優優，令儀令色。獄無吁嗟之冤，野無叩匈之結。
2	進直退愿。甪/政優優，令儀令色。獄無呼嗟之冤，㭫無叩匈之結。
3	進直退愿。甪/政優優，令儀令色。獄無呼嗟之冤，㭫無叩匈之結。
1	矜孤頤老，表孝貞節。/重義輕利，制戶六百。省無正繇，不賣自
2	矜孤頤老，表孝貞節。/重義輕利，制戶六百。省無正繇，不賣自
3	矜孤頤老，表孝貞節。/重義輕利，制戶六百。省無正繇，不賣自
1	畢。百姓心歡，官不失實。於是遠人，/聆聲景附，樂受一塵。既
2	畢。百姓心歡，官不失實。於是遠人，/聆聲景附，樂受一塵。既
3	畢。百姓心歡，官不失實。於是遠人，/聆聲景附，樂受一塵。既

1	来安之，□役三年，惟泮宫之教，反□俗之禮，/構脩學宫。宗懿
2	来安之，復役三年，惟泮宫之教，反夫俗之禮，/構脩學宫。宗懿
3	来安之，□役三年，惟泮宫之教，反□俗之禮，/構脩學宫。宗懿

1	招德，既安以寧。干侯用張，籩豆用陳。孜彼有的，雅容□/閑。
2	招德，既安且寧。干矦用張，籩豆用敶。發彼有的，雅容□/閑。
3	招德，既安且寍。干矦用張，籩豆用敶。發彼有的，雅容□/閑。

1	鐘磬縣矣，于胥樂焉。乃作叙曰：翼翼聖慈，惠我黎蒸。貽我潘
2	鍾磬縣矣，于胥樂焉。乃作叙曰：翼翼聖慈，惠我藜蒸。貽我潘
3	鍾磬縣矣，于胥樂焉。乃作叙曰：翼翼聖慈，惠我藜蒸。貽我潘

1	君，平玆溧陽。彬文赳武，扶弱抑彊。□刈腰/雄，流惡顯忠。咨
2	君，平玆溧陽。彬文赳武，扶弱抑彊。□刈腰/雄，流惡顯忠。咨
3	君，平玆溧陽。彬文赳武，扶弱抑彊。□刈腰/雄，流惡顯忠。咨

1	疑元老，師賢作朋。脩學童冠，琢質繡章。實天生德，有漢/將興。
2	疑元老，師皈作朋。脩學童冠，琢質繡章。寔天生德，有漢/將興。
3	疑元老，師皈作朋。脩學童冠，琢質繡章。寔天生德，有漢/將興。

1	尚旦在昔，我君存今。□此甗艾，遂尹三梁。永世支百，民人所
2	尚旦在昝，我君存今。即此甗艾，遂尹三梁。永亩支百，民人所
3	尚旦在昝，我君存今。□此甗艾，遂尹三梁。永亩支百，民人所

1	彰。子/子孫孫，□尔熾昌。
2	彰。子/子孫孫，畢尒熾昌。
3	彰。子/子孫孫，畀尒熾昌。

1	丞沛國銍趙勳字菎伯。/左尉河内汲董並字公房。/右尉豫章南昌
2	丞沛國銍趙勳字蕩伯。/左尉河内汲董竝字公肪。/右尉豫章南昌
3	丞沛國銍趙勳字蕩伯。/左尉河内汲董竝字公肪。/右尉豫章南昌

1	程陽字孝遂。
2	程陽字孝遂。
3	程陽字孝遂。

1	時將作吏名 從掾位矦祖
2	時將作吏名 從掾位矦祖
3	時將作吏名 從掾位矦祖

1	户曹掾楊淮 主記史吳超
2	户曹掾楊淮 主記史吳超
3	户曹掾楊淮 主記史吳超

1	議曹掾李就 門下史吳訓
2	議曹掾李就 門下史吳訓
3	議曹掾李就 門下史吳訓

1	議曹掾桓檜 門下史吳翔
2	議曹掾梅檜 門下史吳翔
3	議曹掾桓檜 門下史吳翔

1	户曹史賀□ 門下史時球
2	户曹史賀□ 門下史時球

| 1 | 户曹史賀□ 門下史時球 |
| 3 | 户曹史賀□ 門下史時球 |

1	光和四年十月己丑朔廿一日己酉造
2	光和四季十月己丑朔廿一日己酉造
3	光和四季十月己丑朔廿一日己酉造

干戚用張，籩豆用瀳。發彼有的，雅容畀/閑。鍾磬縣矣，兮冐樂焉。乃作叙曰：

翼翼聖慈，惠我蒸蒸。貽我潘君，平兹溧陽。彬文赳武，扶弱抑彊。寵刘髀/雄，流惡顯忠。咨疑元老，師臤作朋。脩學童冠，琢質繡章。定天生德，有漢/將興。尚旦在替，我君存今。即此龜艾，遂尹三梁。永亩支百，民人所彰。子/子孫孫，早介熾昌。

丞沛國銍趙勳字蒙伯
左尉河內汲董竝字公彷
右尉豫章南昌程陽字孝遜
時將作吏名 從掾位庾祖
户瞖掾楊淮 主記史吳超
議瞖掾李就 門下史吳訓
議瞖掾梅檜 門下史吳翔
户瞖史賀□ 門下史時球
光和四季十月己丑朔廿一日己酉造

说明：

功：《两汉金石记》"单亦沿洪之误释为工也"。

畀：为"畀"字异体字。

禋：《八琼室金石补正》"翁氏易禋为神，谛审之，禋虽未的确，然绝非神字"，据拓本，也可为"禋"字。

志：《两汉金石记》"曲阜孔户部舖孟云：学《典谟》之上是志字"，拓本字体不清。

儶挈：单释为"儶"，言洪氏释"挈"为"契"，结合拓本，释为"儶挈"二字。

罿：《平津读碑记》"位既重，重误作罿"。

荖：《平津读碑记》"孔武赳荖，荖误作春"。

戔：《汉碑集释》"碑借戔为翦。翦，灭也"。

失：《汉碑集释》"谓学校之教，可以反俗礼之失者归之于正也"。

畀：《汉隶拾遗》"闲上一字，诸家皆缺，今谛审碑文，亦是畀字，但由字不省作田，与上畀字小异耳"。

寵：《集古求真》"刘上是宠字，翁记缺"。文按，文字下部为"龙"，上部不清，是否为"宠"字可待定。

五、总结

东汉《校官碑》书法朴茂古拙，用笔圆润，结体方整，气象沉雄浑穆，为历代学者专家所重视。通过对碑文的梳理，可以看出历代学者因受拓本条件所限，碑文文字存在出入，本文结合多种拓本及研究史料进行录文还原。在笔者所见多家藏本比较中，发现目前并无考据字"光和四年"完好拓本，最早本为清初拓本。资料中心所藏拓本钤印、纸墨、考据字、碑文文字等存在相互矛盾疑点，笔者今借此文，期待未来有机会解答更多疑问。

本文为北京市社会科学基金项目（项目编号：16LSB011）的成果。

---

① 刘正成主编：《中国书法全集》第8卷，北京荣宝斋出版社，1993年，第508页。

② 宗鸣安：《碑贴收藏与研究》，陕西人民美术出版社，2008年，第187页。

③ 王昶：《金石萃编》卷十七，中国书店，1985年。

④ 参考臧励龢等编：《中国人名大辞典》，商务印书馆，1980年，第1010页；梁章钜、朱智：《枢垣记略》，中华书局，1984年，第201页。

⑤ 梁章钜、朱智：《枢垣记略》，中华书局，1984年，第212页。

⑥ 参考俞剑华：《中国美术家名人辞典》，上海人民美术出版社，1981年，第1216页；张㧑之、沈起炜、刘德重主编：《中国历代人名大辞典》，上海古籍出版社，1999年，第403页。

⑦ 张宪文等主编：《中华民国史大辞典》，江苏古籍出版社，2001年，第1032页。

⑧ 仲威：《中国碑拓鉴别图典》，文物出版社，2010年，第116页。

⑨ 北京图书馆金石组编：《北京图书馆藏中国历代石刻拓本汇编》（秦汉部分），中州古籍出版社，1989年，第173页。

⑩ 宗鸣安：《百年金石缘 我收藏的陆和九题校明拓<汉校官碑>》，《收藏》2016年第3期。

⑪ 施安昌主编：《故宫博物院藏文物珍品大系——名碑善本》，上海科学技术出版社，2009年，第21页。

⑫ 北京大学图书馆金石组、胡海帆、汤燕：《北京大学图书馆藏历代金石拓本菁华》，文物出版社，1998年，第198页。

（作者单位：北京市文物局图书资料中心）

山东出土封泥述略

刘伟成

封泥是古代抑印于泥，用于封缄的遗迹。山东是全国几个集中出土封泥的地点之一（图一—图五），以临淄刘家寨最为集中，另有纪王城、莱西、昌乐、章丘、邹县、泗水等地[①]。

一、出土情况

1876年，陈介祺获得齐鲁所出封泥"姑幕丞印"，始知"东土竟亦有封泥"[②]。光绪二十三年（1897），临淄城北刘家寨农田出土一坑封泥，共100余枚。约光绪三十四五年间，临淄县城东门外，农民制砖时又发掘一窖封泥，以后此地仍有零星发现[③]。临淄一区先后出土十余窖。1934年春，刘家寨农田又出土数十枚，其后的四年间，王献唐先生于此地共集周秦汉晋封泥534枚[④]。1958年10月，山东省文化局举办的文物训练班组成了临淄考古队，在齐故城内进行了为期一个月的调查、钻探和试掘，其中选刘家寨村南曾经出土封泥的地点作为发掘点，在T102内出土封泥40余枚，其中完整者34枚。20世纪末，齐国故城遗址博物馆收集了一批临淄刘家寨一带出土的封泥36枚[⑤]。进入21世纪后，因基建、农耕而出土的封泥亦有数百枚[⑥]。

1909年，纪王城发现300余枚封泥，约在同时，山东邹县等地亦发现封泥[⑦]。

1978年底至1979年初，烟台地区文物管理组、莱西县文化馆在莱西县岱墅村清理两座西汉木椁墓，在M1的边箱内发现两枚封泥。一件一字残缺，印文为"遂□之印"，另一件为篆隶体，印文为"遂麋之印"[⑧]。

1987年11月至12月，潍坊市博物馆和昌乐县文管所联合对山东省昌乐县朱留镇东圈村南的一座汉墓进行了抢救性发掘，在出土文物中，有85枚封泥。印面正方形，印文为"菑川后府"[⑨]。

1973年至1986年，山东大学历史系考古专业先后五次对山东省泗水县金庄乡尹家城遗址进行了发掘，出土一件封泥[⑩]。

1996年6月至8月，章丘市博物馆、济南市考古研究所先后对山东章丘市枣园镇洛庄村西的汉墓进行了抢救性发掘，分别于三号坑、四号坑、五号坑内发现封泥32枚，其中比较完整者26枚[⑪]。

二、辑录与研究

山东出土封泥的辑录与研究始于晚清。晚清至民国，主要是封泥谱录的辑录、文字的考释，利用封泥印文考证秦汉官制，补充史书记载之缺略，纠正史书之讹误。1898年，刘鹗辑《铁云藏封泥》一卷，录入部分齐鲁封泥。1903年，罗振玉编辑的《郑庵所藏封泥》中，有100余枚为临淄出土[⑫]。1904年，《封泥考略》在上海石印出版，所录800余枚封泥中，亦有部分出自临淄；另有《陈簠斋藏封泥考略》四册、《陈簠斋藏封泥》五册、《古陶封泥选集》一册、《封泥拓本》八册及郭闻庭的《齐鲁封泥考存》等。民国时期，封泥辑录之风仍盛，封泥谱录相继问世，多数录入山东出土的封泥。1913年，罗振玉选纪王城所出封泥64枚，合以郭申

图一 "兽虞"封泥及文字拓片

图二 "博昌承印"封泥及文字拓片

图三 "乐安承印"封泥及文字拓片

图四 "朱虚"令印封泥文字拓片

图五 "淄川宫丞"封泥文字拓片

堂、刘鹗两家的拓本，共449枚封泥，编成《齐鲁封泥集存》。1924年，陈宝琛辑关中、齐鲁封泥242枚拓成《澄秋馆藏古封泥》四卷。1928年，周明泰承《封泥考略》体例辑《续封泥考略》六卷，录入封泥454枚；又选《澄秋馆藏古封泥》《齐鲁封泥》两谱中不与《封泥考略》相重的品目323枚，编订成《再续封泥考略》。1931年，吴熊合《封泥考略》《续封泥考略》《再续封泥考略》，除其重复及残泐过甚者，录1115枚成《封泥汇编》。1934年，国立北京大学研究部编印《封泥存真》一卷，收封泥170枚。1936年，山东省立图书馆把在临淄收的封泥编印成《临淄封泥文字》十卷，共收封泥464枚，其中6枚为邹县出土，其余为刘家寨出土。王献唐先生在《临淄封泥文字叙》中对临淄封泥出土地点、封泥的使用、齐国官制、齐鲁封泥的出土、著录及流传情况作了详细叙述[13]。

中华人民共和国成立以来，山东出土封泥的著录与研究既见于对以往资料的汇编，又见于新出资料的刊布，更有多个角度的研究文章及综合研究的学位论文。1982年，严一萍集《封泥考略》《封泥考略续编》《封泥考略再续编》三书而成《封泥考略汇编》。1994年,孙慰祖辑成《古封泥集成》,2002年又出版《中国古代封泥》。2005年,刘创新编著《临淄新出汉封泥集》。2010年,杨广泰先生编著的《新出封泥汇编》刊行。2011年,《鉴印山房藏古封泥菁华》出版[14]。这几部著作汇集了以前临淄出土封泥资料及临淄新出封泥资料,为后人的研究提供了极大的便利。孙慰祖先生对封泥进行了长期、全面的研究,2002年出版了《封泥:发现与研究》一书,在"封泥的出土、收藏与著录"部分,对山东地区封泥出土、著录及流传情况作了概述。此外,还发表多篇文章,从分期断代、齐国官制与地理等多个角度进行了研究[15]。另有一部分考释刊布封泥资料的文章,如山东博物馆王之厚先生对山东博物馆藏的8枚未公之于世的封泥进行了考释[16],李晓峰、杨冬梅先后发表数篇文章对济南市博物馆藏部分封泥进行了考释[17]。《山东淄博市临淄区齐国故城出土汉代封泥》及《临淄齐故城》公布并考释了1958年临淄发掘出土的34枚完整的封泥及齐国故城遗址博物馆征集收藏的36枚封泥资料[18]。此外还有多篇从不同角度研究封泥的文章。马良民、张守林对一件出土于泗水尹家城、被定为商代B型网坠的文物进行了仔细观察、研究,发现其上有圆形戳印,并有字迹,纵向有一穿孔,里面有绳索印痕。并结合原始发掘资料记录,重新确定地层、时代,考订文字,认为此为西周封泥。印文为"兽虞",鲁国的虞官之一,掌猎鸟兽之禁令[19]。崔大庸先生利用洛庄汉墓出土的封泥文字对墓葬年代及墓主进行考证,认为"洛庄汉墓的年代可以较为准确地定在公元前186年,其墓主人便是第一代吕王——吕台"[20]。随后又据"吕大行印"纠正了《汉书·百官公卿表》记载不确[21]。姚淦铭、朱瑞芬则总结了王国维对齐鲁封泥研究的贡献[22]。孙闻博、周晓陆介绍考释了一批21世纪临淄新出土的封泥[23]。《西汉"临淄丞印"封泥同文异印现象探讨》一文,比较了95枚"临淄丞印"封泥,得出了"至少是由29枚不同的同文印章钤出的"结论[24]。一些学位论文或利用齐国封泥研究汉初齐国官制[25],或对封泥字体的演变进行研究[26],或对汉代齐国官制封泥进行综合研究[27]。

20世纪初,中国出土封泥始流入日本,陈氏、罗氏所藏亦在其中。20世纪90年代,日本兴起中国封泥研究热,日本学者江村治树撰写了《陈介祺旧藏の封泥》一文[28],继而《中国の封泥》[29]《鸡肋庐藏临淄汉封泥》[30]《运甓斋新获临淄汉封泥》[31]《封泥大观》[32]等相继问世。《封泥大观》集《十钟山房印举》《齐鲁封泥考存》《澄秋馆藏古封泥》《临淄封泥文字》而成。2011年11月,在杭州举行的"战国秦汉封泥文字国际学术研讨会"上,日本京都造形艺术大学李中华讲师所撰《东瀛所藏中国封泥述略》一文,报告了对东京国立博物馆、秃庵文库等公私机构所藏封泥及源流的调查[33]。《中国古封泥在日本:介绍20世纪上半叶传到日本的几批中国古封泥》一文,介绍、考证了由松丸东鱼收藏的《印印》和《听冰阁藏古封泥》两书印行、集辑始末[34]。两文为研究中国古封泥尤其是山东出土封泥在日本的流传和收藏情况提供了珍贵的线索。

三、流传

齐鲁封泥早期的出土情况没有详细准确的记载。刘家寨附近所出封泥为各家著录者亦不能悉明其处[35]。最早的记载是1876年,陈介祺得"姑幕丞印"封泥[36]。60年后,王献唐先生的《临淄封泥文字叙》始见详细记载。1897年,临淄县城北门外东北刘家寨村西南出一坑百余枚,悉归潍县陈氏。1908年在县城东门外偏北一带出一坑,多为陈氏购去。邹南邾城清末曾掘数百归上虞罗氏[37]。临淄一区先后出土十余窖,收藏者有陈介祺、吴式芬、郭申堂、高翰生、王廉生、丁树桢、孙文澜、周进、陈宝琛等人。郭氏所藏大部分藏于国立北京大学。陈介祺及其后人所藏封泥于20世纪30年代流入日本，现藏于东京国立博物馆。海丰吴氏所藏封泥于民国年间在津门散出，后归孙鼎。丁树桢所藏转归周氏，后亦归孙鼎。20世纪70年代末，孙氏将其所藏捐赠上海博物馆。罗振玉收藏的封泥，现藏于日本大谷大学。20世纪30年代临淄出土的封泥，王献唐先生购得534枚归山东省立图书馆，现藏山东博物馆。1960年，济南市博物馆从历下委托店购藏约397枚封泥，其中部分曾著录于《齐鲁封泥集存》和《再续封泥考略》[38]。齐国故城遗址博物馆收藏了20世纪末征集的36枚。

由于早期缺乏记载，见于各家著录的多重复，新出的多流入海内外私人藏家手中，临淄出土封泥的具体数量难以统计。据孙慰祖先生统计，自晚清始出至民国王献唐先生购讫，山东出土封泥逾1500枚。21世纪新出的数量，几家说法不同。孙闻博见到的一批数量在450枚以上。加上20世纪发掘、征集品，山东地区出土封泥总数至少2000枚以上。

山东出土封泥自周秦至汉晋，官、私印皆有，以西汉早中期齐国封泥最为丰富。包括齐国中央系统属官印封泥、齐国所辖及相关县、邑官印封泥以及齐国辖境内乡印封泥。另有部分无字、泥面有划痕的封泥[39]。中央系统属官印封泥近300枚，县、邑官印封泥涉及齐国县邑及个别齐国域外县邑共56个，封泥274枚。乡印封泥所见乡名达70多个[40]。这些封泥反映了西汉诸侯王国官制及陵寝制度，保存了丰富的西汉时期齐国历史、地理信息，不仅起到了证经补史的作用，更为研究封泥的使用历史、使用制度、西汉齐国的官制、历史地理沿革、文书处理制度、齐国内各官署间及与域外各地文书往来情况、各时期文字、篆刻等提供了丰富的资料。

①⑦ 孙慰祖：《封泥：发现与研究》，上海书店出版社，2002年。

②㊱ 陈介祺：《簠斋尺牍》，清末影印本。

③ 王献唐：《临淄封泥文字叙》，民国二十五年山东省立图书馆编印（孙慰祖先生等多篇文章写光绪二十四年或次年，此处以王献唐先生《临淄封泥文字叙》记述为准）。

④⑬㉟㊲ 王献唐：《临淄封泥文字叙》，民国二十五年山东省立图书馆编印。

⑤ 山东省文物管理处：《山东临淄齐故城试掘简报》，《考古》1961年第6期；张海龙、张爱云：《山东淄博市临淄区齐国故城出土汉代封泥》，《考古》2006年第9期；山东省文物考古研究所：《临淄齐故城》，文物出版社，2013年。

⑥ 孙闻博、周晓陆：《新出封泥与西汉齐国史研究》，《南都学坛》第25卷第5期，2005年；郑世证：《晚清以来古代封泥的出土情况》，《书法报》2006年1月4日；孙慰祖：《临淄新出西汉齐国封泥研究》，《西泠印社：封泥研究专辑》，荣宝斋出版社，2008年。

⑧ 烟台地区文物管理组、莱西县文化馆：《山东莱西县岱墅西汉木椁墓》，《文物》1980年第12期。

⑨ 潍坊市博物馆、昌乐县文管所：《山东昌乐县东圈汉墓》，《考古》1993年第6期。

⑩ 山东大学历史系考古专业教研室：《泗水尹家城》，文物出版社，1990年；马良民、张守林：《山东泗水尹家城出土封泥考略》，《考古》1997年第3期。

⑪ 崔大庸：《洛庄汉墓陪葬坑出土封泥及墓主初考》，《中国文物报》2000年6月21日。

⑫ 孙慰祖：《临淄新出西汉齐国封泥研究》，《西泠印社：封泥研究专辑》，荣宝斋出版社，2008年。

⑭ 许雄志：《鉴印山房藏古封泥菁华》，河南美术出版社，2011年。

⑮ 孙慰祖：《西汉官印、封泥分期考述》，《上海博物馆集刊（六）》，上海古籍出版社，1992年；《临淄新出西汉齐国封泥研究》，《西泠印社：封泥研究专辑》，荣宝斋出版社，2008年。

⑯ 王之厚：《山东省博物馆藏封泥零拾》，

《文物》1990年第10期。

⑰ 李晓峰、杨冬梅：《济南市博物馆藏界格封泥考释》，《中国书画》2007年第4期；《济南市博物馆藏汉代齐国封泥考略》，《汉代考古与汉文化国际学术研讨会论文集》，齐鲁书社，2006年；《济南市博物馆藏西汉郡县封泥考》，《印学研究：印谱研究专辑》，山东大学出版社，2012年。

⑱ 张龙海、张爱云：《山东省淄博市临淄区齐国故城出土汉代封泥》，《考古》2006年第9期；山东省文物考古研究所：《临淄齐故城》，文物出版社，2013年。

⑲ 马良民、张守林：《山东泗水尹家城出土封泥考略》，《考古》1997年第3期。

⑳ 崔大庸、房道国、宁荫堂：《章丘发掘洛庄汉墓》，《中国文物报》2000年6月7日；崔大庸：《洛庄汉墓陪葬坑出土封泥及墓主初考》，《中国文物报》2000年6月21日。

㉑ 崔大庸：《"吕大行印"可证〈汉书·百官公卿表〉记载不确》，《中国文物报》2001年1月31日。

㉒ 姚淦铭、朱瑞芬：《王国维与齐鲁封泥档案》，《山东档案》1994年第1期。

㉓ 孙闻博、周晓陆：《新出封泥与西汉齐国史研究》，《南都学坛》第25卷第5期，2005年。

㉔ 范正红：《西汉"临淄承印"封泥同文异印现象探讨》，《西泠印社：战国秦汉封泥文字研究专辑》，西泠印社出版社，2011年。

㉕ 程凌雷：《汉代齐国研究》，华中师范大学硕士学位论文，2011年。

㉖㉘ 徐海斌：《秦汉玺印封泥字体研究》，南昌大学硕士学位论文，2005年。

㉗㊴㊵ 朱世乾：《汉代齐国官制封泥及相关问题研究》，山东大学硕士学位论文，2013年。

㉙（日）东京国立博物馆：《中国の封泥》，日本二玄社，1998年。

㉚（日）上田真三：《鸡肋庐藏临淄汉封泥》，日本鸡肋庐，2003年。

㉛（日）和田广幸：《运甓斋新获临淄汉封泥》，日本东京文雅堂，2006年。

㉜（日）远藤彊：《封泥大观》，扶桑印社，2007年。

㉝ 李中华：《东瀛所藏中国封泥述略》；孔品屏："战国秦汉封泥文字国际学术研讨会"综述，《西泠印社：战国秦汉封泥文字研究专辑》，西泠印社出版社，2011年。

㉞（日）松丸道雄、高久由美：《中国古封泥在日本：介绍20世纪上半叶传到日本的几批中国古封泥》；孔品屏："战国秦汉封泥文字国际学术研讨会"综述，《西泠印社：战国秦汉封泥文字研究专辑》，西泠印社出版社，2011年。

㊳ 李晓峰、杨冬梅：《济南市博物馆藏汉代齐国封泥考略》，《汉代考古与汉文化国际学术研讨会论文集》，齐鲁书社，2006年。

（作者单位：山东省莒南县文物管理所）

浅析龙形象在压胜钱上的应用

柳 彤

压胜钱,是为专门的用途或民间祈福辟邪而铸造的钱币的衍生物,名曰"钱",实际上不作流通使用,是钱币中的"非正用品"。压胜来源于古代方士的一种巫术——厌胜法,"厌"读作yā,据《说文解字》解释:"厌,笮也,今人作压。"一般认为压胜钱起源于西汉,自魏晋南北朝,历经宋辽金元明清,绵延发展至民国初仍广有铸造。它的本义主要是压邪攘灾和喜庆祈福两大类。与正用钱相比,压胜钱除传统的文字装饰外,最引人入胜的就是各式生动的人物故事和动植物图案,故而又有"花钱"之称。

龙是中华民族的精神图腾,也是最富特色的中国传统图案之一。在民间有多少美丽的神话传说与龙相关,有多少风俗活动因龙而生并世代流传。龙是神灵、是瑞兽,是冥冥世界与芸芸众生之间天人沟通的媒介。在漫长的历史进程中,龙的形象被大量地铸刻在压胜钱上,用来辟邪消灾、祝庆祈福。民间的龙形图案压胜钱造型多样,内涵丰富,趣味横生,为钱币文化中的吉祥文化成分增添了绚丽的色彩。本文将从纳福和辟邪两方面对龙形象在压胜钱上的应用做概括论述。

一、纳福呈祥

吉祥祝愿是压胜钱纹饰的重要题材。龙是被神圣化的、能呼风唤雨、上天入海的神物,是祥瑞的化身。汉代的画像砖上为我们展示了古时人们召唤龙神祈雨(图一)和舞龙庆丰收的场景。在日常生活中,人们把刻有龙形象的压胜钱随身佩戴,作为讨吉祈利的心理寄托和对美好事物追求的依靠,并用于岁时风俗、丧祭仪典、社会交际、民间信仰等各个方面。压胜钱不仅承载着古人的美好祝愿,还反映出多姿多彩的艺术魅力。压胜钱上的龙形象与同时期各种器用上的龙图案同生共进,交相辉映,是大众时代化审美的表现。

纳福类压胜钱上的龙形象大体上可分作五类:双龙图案、龙凤图案、龙虎图案、龙鱼(龟)图案和团(单)龙图案。

(一)双龙图案

双龙图案中最为人所喜闻乐见的一种就是二龙戏珠,这也是华夏文明中流行最广的神话意象之一。其表现形式为两条龙在云中戏耍(或抢夺)一颗火珠(图二)。早自商周时代,二龙戏或二龙对应主题就已存在并流行[①]。二龙所戏之"珠"富有多重寓意。英国著名汉学家李约瑟认为二龙所戏之珠是月亮,此观点未得到普遍认可[②]。在先秦文献有关龙珠的神话

图一 徐州汉画像石求雨图拓片

文物研究

图二 二龙戏珠图案

中,指其为龙口中所含的珍珠或玉珠。《庄子·列御寇》云:"夫千金之珠,必在九重之渊而骊龙颔下。"表明此珠的珍贵及取之不易。成语"探骊得珠"便源出于此。佛教进入中国后,龙珠的标识由沉静的珠玉转化为燃着烈焰的火球,太阳、夜明珠(有说系闪电珠)、摩尼珠等都被古人联想成二龙所戏的符号,它们或代表了对太阳的崇拜,或蕴含了对雷电的敬畏,或寄托了对佛法无边的渴望。伴随着历史的演进,龙戏之"珠"更多地被赋予了奇幻的色彩。干宝《搜神记》卷二十记载,春秋时期隋侯出行,见一大蛇受伤不能动,便使人用药救之,蛇又能走动。过了一段时间,蛇衔明珠以报,谓之"隋侯珠"或"灵蛇珠"。这里蛇是虚构的龙背后现实的动物,"隋侯之珠"也成为奇珍异宝的代称。此外,双龙戏珠也是一种流行于民间的舞龙表演形式,在"龙珠"的引领下,双龙翻卷游走,这里的"龙珠"被视为召唤神龙现身的道具,祈愿龙王普降甘霖,带来丰收,反映出人们对吉祥如意和幸福美好的追求。

从西汉开始,二龙戏珠便成为一种吉祥喜庆的装饰图案,宋以后得到广泛使用。双龙压胜钱以镂空钱最多,双龙姿态主要有双降、双升、首尾相逐且有雌雄之分,龙体造型五花八门,或细如竹节,或粗壮类蟒,或鳞片斑驳,或绳纹缠绕……尽管压胜钱不像正用钱有明确的纪年,但根据材质、形制、纹饰等细致考察,依旧可以发现压胜钱所具有的时代特征,如重轮镂空钱多为宋金时期,黄铜钱出现于明代。龙形方面:辽金时,龙腾云中,张牙舞爪,角、麟、鬃俱备,霸气十足;至明清时期,镂空中的双龙趋于末路,龙的形象已呈呆滞,无生气,不似龙反似"虫",尤其清代,龙的披麟状若算珠,故被戏称为"弹簧龙"。除戏珠外,双龙还有戏莲、戏牡丹等形式。以下是几例有代表性的压胜钱双龙图形。

双降龙钱(图三):双龙镂空钱中所见较早的品种,可追溯到隋唐,历五代到宋仍有铸造,两龙尾向上反卷相吻,龙首相对,两龙首之间有焰珠。造型古朴,比例恰当。

双升龙钱(图四):较降龙钱晚铸,龙呈升腾状,两龙首相对上昂,追逐焰珠。

图三 双降龙钱(首都博物馆藏)及双降龙示意图

浅析龙形象在压胜钱上的应用

图四 双升龙钱（首都博物馆藏）及双升龙示意图

双龙相逐钱（图五）：龙呈首尾相逐状，是双龙钱中最普遍的一类。龙身屈曲蜿蜒，富于动感，龙形姿态版式多样。

雌雄双龙钱（图六）：龙亦有雌、雄之分，雌、雄之龙呵护龙珠，这里的"珠"可视作龙卵。从龙的起源看，它的原型为鳄鱼和蟒蛇一类的卵生动物。它们可在陆上爬行走动，又可在水中游弋自如，凶悍而残暴，令人畏惧。它们所产之卵为圆形，又备受它们呵护，或守于其旁，或偎依其侧，形影不离，爱护有加。

于是古人就把鳄鱼、蟒蛇的卵逐渐引申为"珠"，而后渐变为"龙珠"。这是一种由原始生殖崇拜而演化来的吉祥图案，象征着生命的繁衍不息。分辨压胜钱中的雌、雄龙，其有角为雄，无角为雌；另有一种凸眼为雄，凹眼为雌。

明代朱砂双龙钱（图七）：双龙造型独具特色，龙爪的塑造突出而夸张，有明官窑瓷器和宫中织锦中双龙图案的韵味，钱的两面涂有朱砂，推测为宫中之物或贵族用品。

图五 双龙相逐钱　　　　　　　　图六 雌雄双龙钱（首都博物馆藏）

·43·

图七 明代朱砂双龙钱

图九 水书双龙钱

图八 清代"弹簧龙"钱

图一〇 双龙双回字水书钱

清代"弹簧龙"（图八）：龙的披鳞状若算珠，故被戏称为"弹簧龙"。

水书双龙钱（图九、图一〇）：水族是分布在我国贵州等西南省份的少数民族。水书是一种类似甲骨文和金文的古老象形文字，其中保留着图画文字、象形字、抽象文字兼容的特色。从形体上看，一般认为水书文字具有三种类型：一是图画文字；二是象形文字；三是借用汉文字，即汉字的反写、倒写或改变汉字形体的写法。图画文字和象形文字的形体中，主要以花、鸟、虫、鱼等自然界中的事物及一些图腾物如"龙"等所撰写和描绘[3]。水书青铜钱是水族先民铸造用于祭祀、祈福、厌胜等作用的一种钱，可谓中国民俗钱币中的化石。根据多年的研究，水书青铜钱铸造年代最晚到明代，最早到宋代[4]，目前共整理出三大系列，即水书"中大"系列、"水书龙"系列、其他系列。其中钱上的双龙类似蛇，"回"纹类似殷商时期龟裂卦象。

（二）龙凤图案

正如沈从文先生所说"民族艺术图案中，人民最熟悉的，无过于龙凤图案"[5]，龙凤图形符号具有民族图腾崇拜、权力地位象征、爱情婚姻祝福、喜庆吉祥寓意等特定的精神语义。最早的龙凤组合图案是1960年山东泰安龙门口水库出土的商周时期龙凤冠人形玉佩（图一一），龙凤为合体形式，表现原始的交

浅析龙形象在压胜钱上的应用

图一一 商周时期龙凤冠人形玉佩（泰安市博物馆藏）

图一二 战国龙凤人物帛画（湖南省博物馆藏）

媾关系，反映的是人类对繁衍的认识，纯朴而自然。春秋战国时期龙凤的组合不仅是人们崇拜的依托，还承担着引导升天的重任。出土于湖南长沙陈家大山楚墓的龙凤人物帛画即反映了这一主题（图一二）。秦汉以后，龙凤图形逐渐被封建王权所利用，以示帝王之威仪，龙袍凤冠成为帝后们的标识。

龙和凤是劳动人民创造的神物，始终体现着人民群众的美好愿望。《孔丛子·记问》云："天子布德，将致太平，则麟凤龟龙先为之呈祥。"这是龙凤呈祥一词的源出，也是民众最常用的吉祥祝语。民间多以男女合欢、夫妻恩爱为主题，体现了和谐、对称、阴阳之美。龙凤相配，寓意着团圆美满、仁爱圣德。

中国传统的龙凤呈祥图案多描绘为龙与凤相对飞舞的画面（图一三），龙凤各居一半：飞龙张口旋身，回首望凤；翔凤展翅翘尾，举目眺龙。周围瑞云朵朵，一派祥和之气。压胜钱上的龙凤图案与明清瓷器上的龙凤表现形式一致，以龙飞凤舞为主体，常用祥云、花丛做辅助纹饰（图

图一三 传统的龙凤呈祥图案

图一四 "龙凤呈祥"吉语钱（首都博物馆藏）

图一五 明代镂空龙凤钱与青花瓷上的龙凤图

图一六 清代生肖龙凤钱与清乾隆珐琅彩龙凤纹合欢瓶
（上海博物馆藏）

图一七 康熙通宝背龙凤（宝泉）钱与明万历青花龙凤纹大盘
（广东省博物馆藏）

图一八 龙凤纹吉语钱（河北省文物研究所藏）

《说文》谓："虎，山兽之君。"远古的先民不仅把虎作为狩猎对象，更因其凶猛暴戾而产生敬畏，视其为图腾崇拜物。华夏民族认为龙是神兽，虎是圣兽，龙虎结合，即是祥瑞。龙虎图案的文化表征内涵广泛，我们可以从压胜钱上探究一二。

四神钱与天象。四神钱（图一九），方穿，四周环刻四神像，即青龙、白虎、朱雀和玄武，是古代中国神话中的四方之神灵。四神之外环饰八卦纹一周。八卦是中国传统的阴阳哲学符号。中国古人把周天星宿分为四宫，《史记·天官书》载："东宫苍龙……参为白虎。"⑥龙虎两星座，一东一西，形象醒目。东汉王充《论衡·解除篇》说："龙虎猛神，天之正鬼也。"⑦龙虎星是天宫守护神，也是人间君王的保护神。《史记·项羽本纪》载，鸿门宴前，范增对项羽说："吾令人望其（指刘邦）气，皆为龙虎，成五采，此天子气也"⑧。表明帝王要有龙虎护卫，或具有龙虎那样的神秘氛围。

龙虎对峙钱与生殖长寿。龙、虎都是中华民族的图腾。"按中国

一四—一八），此外多与正用钱文或"龙凤呈祥""龙飞凤舞""游龙戏凤"等吉祥祝语书画结合。

图一七中所示清康熙通宝背龙凤（宝泉）钱，升龙降凤，寓意龙凤呈祥。龙凤首部各有一宝珠形圆圈，内书"宝""泉"二字，当是宝泉局所铸，或为用于皇帝大婚的赏赐钱。此钱的龙凤姿态与明代官窑瓷器上龙凤纹样极似。

（三）龙虎图案

龙和虎同是中华文化的源头，虎在中国传统文化中是真实存在的食肉猛兽，

图一九 四神八卦钱（首都博物馆藏）

图二〇 宋代镂空龙虎交尾钱

图二一 镂空龙虎对峙钱

图二二 龙虎背十二生肖钱（河北省文物研究所藏）

古字本意，图是图像之意，腾是合婚之意。图腾一词具有'婚姻繁殖的标志图像'的含义"⑨。压胜钱中的龙虎组合有交尾、对峙等姿态（图二〇、图二一），象征阴阳交合、男女交媾。虎、龙有阴阳、雌雄的观念或寓意，或虎为阳、龙为阴，或二者阴阳易位，龙虎交尾、龙虎穿璧等图像表现男女交合的主题比较明显，反映出古人对生殖的崇拜及生命不息的愿望。

此外压胜钱中龙虎图案也有长寿的隐喻，在图二二中，面穿上为龙戏火珠，穿下一虎，穿左下有三仙山。此处龙虎寓意东海南山，喻"福如东海，寿比南山"。

风云际会钱与人遇良机。风云际会是我们熟悉的成语，出自唐秦韬玉《仙掌》诗："为余势负天工背，索取风云际会身。"风云：比喻难得的机会；际会：适时地遇合。比喻有才华、有作为的人在难得的好时机聚合。《周易·乾·文言》里讲："云从龙，风从虎，圣人作而万物睹。"龙虎后被引申为贤主与良才之间的相逢，英雄与英雄之间的相遇。王安石的《浪淘沙令》中有"伊吕两衰翁……汤武偶相逢，风虎云龙。兴王只在谈笑中"的诗句。图二三所示风云际会背龙虎钱，钱面为直读篆书"风云际会"，背穿上龙腾云中，穿下虎卧平川，寓意藏龙卧虎、遇时相会。

（四）龙鱼（龟）图案

鱼化龙是从我国历代民俗、传说衍变而来的形象，最早可追溯到史前仰韶文化的鱼图腾崇拜。民间最耳熟能详的有关鱼龙变化的故事是"鲤鱼跃龙门"。据辛氏《三秦记》载："河津一名龙门，禹凿山开门，阔一里余，黄河自中流下，而岸不通车马。每莫春之际，有黄鲤鱼逆流而上，得过者便化为龙。"宋代陆佃在《埤雅·释鱼》中云："俗说鱼跃龙门，过而为龙，唯鲤或然。" 唐宋时期普遍流行

图二三 清风云际会背龙虎钱

图二四 镂空鱼化龙钱（首都博物馆藏）与清康熙青花鱼化龙纹洗（广东省博物馆藏）

着一种有着龙首鱼身的纹样,这就是从印度传来的摩羯纹。摩羯是佛经故事里长鼻大口的巨鱼,进入中国后和"鱼化龙"传说相结合,成为一种颇具异域风情的纹样。

鱼化龙压胜钱以宋金时期为多,明清亦有铸造,同时还衍化出鲤鱼跃龙门、独占鳌头等的图案,寓意科举考试成功,改变命运,求得富贵。

镂空鱼化龙钱(图二四):圆穿,环穿镂饰鱼、龙纹。鱼圆眼弓背,姿态娇憨,龙体抽象夸张,圆眼同鱼眼,身躯蜿蜒与钱郭相连,三爪。此钱将鱼化龙这一主题生动地刻画出来。

鲤鱼跃龙门钱(图二五):阔缘,方穿,鱼籽地,穿上两层官帽式建筑,意指龙门,穿左右为两条相对腾跃的鲤鱼,穿下为泛着浪花的河水。画面充满浓郁的年画气息,寄托着古人希冀中举升官、飞黄腾达的愿望。传说凡是跳不过龙门、从空中摔下来的,额头上就落一个黑疤。唐代大诗人李白有诗曰:"黄河三尺鲤,本在孟津居。点额不成龙,归来伴凡鱼。"为鲤鱼跃龙门的故事添加了些许幽默。

图二五 鲤鱼跃龙门钱

图二六 魁星点斗挂牌钱(首都博物馆藏)

魁星点斗挂牌钱(图二六):此钱正面为古句"一色杏花红十里,状元归去马如飞",典出宋代大文豪苏轼《送蜀人张师厚赴殿试》诗⑩。背面是"魁星点斗"的图案,文昌魁星(俗称文曲星)一手执笔,立于鳌首之上。鳌头指宫殿门前台阶上的鳌鱼浮雕,科举进士发榜时状元站此迎榜。皇帝在殿前召见新考中的状元、榜眼等人。状元跪在前面,正好是飞龙巨鳌浮雕的头部。独占鳌头在科举时代指代中状元,比喻占首位或第一名。金鳌也称龙龟,是中国神话中的一种神龟,通常是权力和财富的象征,头尾似龙,身似陆龟,全身金色。

(五)团(单)龙图案

团龙纹样,龙的姿态盘曲环绕成圆形。压胜钱上的团龙形态随时代发展而呈现出不同的风格特征。

唐团龙纹钱(图二七):大气磅礴,龙具有鹿角、蛇身、兽肢、鹰爪及流动滑润的体态,均为后来的龙纹造型奠定了基础。宋代以后,团龙纹应用广泛,辽金时期的团龙钱,龙姿遒劲豪放,充满张力;明清时期团龙造型被定为帝王专用形象,常见有"坐龙团""升龙团""降龙团"等,边廓饰有水波、如意、祥云等图纹,使团龙纹华丽而生动。

镂空花边团龙钱(图二八):无穿,边廓镂饰卷云纹,中心为一体形健硕的蟠龙,张力十足。

清镂空穿花龙纹钱(图二九):圆穿,钱身镂刻一游龙穿梭于盛开的牡丹花丛中。龙穿花是明清时期典型的吉祥图案。牡丹为花中之王,代表富贵繁荣,龙

图二七 唐镂空团龙钱

图二八 镂空花边团龙钱（首都博物馆藏）

图二九 清镂空穿花龙纹钱（首都博物馆藏）

是祥瑞神兽，两者结合寓意吉祥美好。

二、护佑辟邪

"厌胜"是中国古代社会的一种巫术观念，通过诅咒来战胜人、妖怪鬼神或者物。厌胜一词出自《汉书·王莽传》："莽亲之南郊，铸作威斗……欲以厌胜众兵。"⑪在古代，由于人们对许多自然现象和社会现象不能做出科学合理的解释，从而将一切归诸神灵的造化，对于诸恶采用诅咒的方式，美好的愿望则采取祈求和祝福，进而将这些意念化作行为，采用铸造器物、铭于金石等各种手段来具体体现。钱币本为吉金，又便于携带，人们将各种愿念铭刻其上，随身佩戴，或悬挂供奉，以此达到驱灾辟邪、护佑平安的目的。

在中华民族的鬼魅文化与辟邪习俗的影响下，压胜钱上的龙纹饰常与带有佛教、道教元素的图案组合，形成具有压邪禳灾寓意的咒符。较为突出的是辟邪生肖、道家八卦、本命星官、张天师或钟馗驱鬼等图像。此外，在根据二十四节气变化产生的一些传统节日里，如上元节、端午节等，挂龙灯、耍龙舞、赛龙舟等娱乐活动都以龙为主要角色。下面从生肖、宗教、神话、节令等方面对龙纹压胜钱的辟邪功能作简要分析。

（一）生肖本命类

中国自古习用十二生肖记人的出生年。考古资料表明，十二生肖在战国晚期的秦睡虎地墓葬里出土的竹简中已有记载。五代至宋元形成高潮，一直流传至今。十二生肖代表十二时，十二辰，又代表一年十二个月和人的十二属相（即鼠、牛、虎、兔、龙、蛇、马、羊、猴、鸡、狗、猪十二种动物）。五代时期，蜀冯鉴《续事始》云："黄帝立子丑十二辰以名月，以名兽配十二辰属之。"十二生肖与天干地支、阴阳五行先后相配，均有吉祥压胜之意。生肖是压胜钱纹饰中重要的一类题材，其功能以禳灾辟邪为主。生肖钱图案通常为十二种动物与八卦、地支、本命星官、龙凤、吉语等纹样搭配组合而成。

龙年本命星官钱（图三〇）：方穿，穿上矩形框内书本命星官四字，穿右侧一长袍老者，手持法物，脚踏祥云，头顶光环，即北斗星神。穿左侧一童子浮于云中，穿下一龙，生猛矫健，代表本命年的生肖龙。

我国习惯用十二生肖记人的出生年，

图三〇 龙年本命星官钱

每十二年轮回一次。国人自古就有本命信仰，认为在本命年里会遇到许多灾厄，只有祈求神灵庇护进行禳解，才能逢凶化吉。本命星官钱即为本命年时所配戴的护身符。

（二）宗教故事类

道教是中国的本土宗教，其无中生有、道生万物的宇宙本体论和阴阳转化、规律运动的辩证思维法，在古代是被普遍接受的传统世界观和方法论。道教在民间的图形符号是太极八卦图，这是一套用三组阴阳线组成的形而上的哲学符号，用"—"代表阳，用"--"代表阴。道教为多神、仙崇拜，其中具有除妖伏魔法力的仙人有太上老君、张天师、真（玄）武大帝（图三一）等。道教八卦图和仙人像在压胜钱中广有体现。

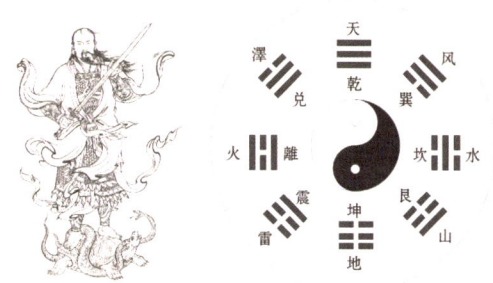

图三一　真武大帝与太极八卦图

图三二　十二生肖（背）仙人龟鹤钱（首都博物馆藏）

图三三　龙凤八卦钱（首都博物馆藏）

仙人龟鹤钱（图三二）：圆穿，面圆圈内为十二生肖，间以十二地支文。背穿两侧仙人，执如意者为老子，身后有虎的持杖者为张道陵。穿上北斗祥云，穿下为玄武（龟蛇）、鹤。图案描述的是道教故事，即老子在鹤鸣山向张道陵（张天师）传经的场景。此类图像多见于宋元时期的生肖钱，道教中认为老子和真武大帝皆是太上老君的化身，钱中的图案暗喻仙人伏魔降妖之法力无边，故而此类钱币能震慑凶邪。

八卦龙凤钱（图三三）：面为八卦图及卦文，背铸龙凤对舞图案。《易·系辞上》云："易有太极，是生两仪，两仪生四象，四象生八卦，八卦定吉凶，吉凶生大业。"古人视天地风雷水火山泽为宇宙万物中最基本的八种自然物，体现在卦上，就是四象之上再生阴阳，万事万物皆包括在太极八卦中。钱中的龙代表阳，凤代表阴。在卦象中，龙刚健、神奇，能飞能潜，其鳞计八十一片，为九九之数，故龙被视为纯阳之物，代表纯阳之卦——乾卦。所以乾为天，刚健中正。象征龙（德才的君子），又象征纯粹的阳和健，表明兴盛强健。

（三）神话传说类

神话是哲学、宗教、科学、文艺共同的起源与母体。上古神话经过历代文学家、艺术家的发展变化，融入了道、佛观念及各种传说，创造出一系列神仙精怪的故事。神话传说为各民族世代喜爱和传诵，在压胜钱上也有着生动的描绘。龙在这一领域中有时变得弱小，需仙人庇护，

图三四　十二生肖（背）张天师驱鬼钱

图三五 周处斩蛟钱（首都博物馆藏）

图三六 永安五男（背）四神钱（首都博物馆藏）

有时又充满邪恶，被勇士斩伏。

生肖天师驱鬼钱（图三四）：面十二支文及十二生肖，以云雷纹间隔；背右侧长袍道长挥臂作法，几只小鬼仓皇逃窜，穿孔上方莲花宝牌上书"张天师"三字，表现的是张天师驱魔捉鬼的场面，寓意即为张天师保佑所有属相的人不被妖魔鬼怪侵扰。张天师即天师道创始人张道陵，传说他为西汉开国功臣张良的九世孙，太上老君"授以三天正法，命为天师"，后世尊称为"老祖天师"。川渝一带流传有张天师以太上老君剑印符箓大破鬼兵的故事。

天师钱是古代道士用来施法以降妖镇鬼驱邪的法器。经道士开光后，百姓请回挂于家中镇宅或随身携带保平安。

周处斩蛟钱（图三五）：周处斩蛟宣扬的是悔过自新、除恶向善的道德理念。故事出自南北朝时期刘义庆所著的《世说新语》。其中斩蛟描述云："处……又入水击蛟。蛟或浮或没，行数十里，处与之俱。经三日三夜……竟杀蛟而出。"⑫画面中周处头包皂巾，脚蹬快靴，左手攥拳，右手执剑，箭步踏于浪涛中，直逼蛟龙，毫不畏惧。蛟龙身躯庞大，转身挥爪，掀起惊涛骇浪，气势汹汹与周处对峙。钱币形象地表现了两强相斗、势不可挡的惊心动魄的故事意境。此钱不仅有消灾辟邪之意，还有教化育人之功。而对古代渡船行海的人们来说，佩戴此钱可以增添勇气和法力，使妖魔水怪退避三舍。

（四）节气与天象类

在节气与天象的关系中，东宫青龙是伴随春分、秋分表现出"登天"和"潜渊"星象的。四神压胜钱即是这一主题的反映。

永安五男四神钱（图三六）：面篆书直读永安五男，四出纹，"永"字两侧日月纹；背四出纹内为四神图。古人把东、南、西、北四方每一方的七宿想象为一种动物形象，叫作"四象"，青龙、白虎、朱雀、玄武是四象的代表物，也称四神、四灵。《说文解字》中说："龙，鳞虫之长。能幽能明，能细能巨，能短能长。春分而登天，秋分而潜渊。"《淮南子》载："天神之贵者，莫贵于青龙。"故而青龙或为四象之首。

三、结语

中国文化中的龙形象，是多种图腾综合的想象形象，伴随着历史的发展不断进行嬗变。作为艺术形象，龙在压胜钱上的应用，反映出中华民族的崇龙观念在自然领域和精神领域中的重要地位。先人们在渴望农业丰收时，赋予龙司雨神力，于是钱币上有了"龙神保护、风调雨顺"的祝愿；在盼望人丁兴旺时，视龙为繁衍的化身，于是钱币上有了"双龙戏珠""龙凤呈祥"的图案；在向往锦绣前程时，把龙作为脱胎换骨的目标，于是钱币上有了

"鲤鱼跃龙门"的寄寓；在抵御灾害和疾病时，龙又充当起驱灾辟邪的保护神，于是钱币上有了"八卦四灵"的咒符……

压胜钱上的龙形象，是民间艺术的集萃，通过对龙的喜水、好飞、通天、善变、灵异、征瑞、兆祸、示威等特性的塑造，在感性上反映了不同时代的审美取向，在理性上揭示了中国人处理四大主体关系时的理想目标和价值观念，即追求天人关系、人际关系、阴阳矛盾关系与多元文化关系的和谐。

龙作为一种文化观念和艺术形态，将永恒地保留在人们的意识形态中，特别是艺术中，成为丰富多彩的精神财富和全能的艺术思维符号。

---

① ② 叶舒宪：《二龙戏珠原型小考——兼及龙神话发生及功能演变》，《民族艺术》2012年第2期。

③ 《神秘的水族水书钱》，新浪收藏网，http://collection.sina.com.cn/cqyw/2016-02-08/doc-ifxpfhzk9113176.shtml。

④ 《"水书"专家发现首枚水文字钱币》，杭州网，http://www.hangzhou.com.cn/20040101/ca606436.htm。

⑤ 沈从文：《龙凤艺术》，《沈从文集》，北京十月文艺出版社，2010年，第47页。

⑥ 《史记》卷二十七《天官书》，中华书局，1959年，第1295、1306页。

⑦ （汉）王充：《论衡》卷二十五《解除篇》。

⑧ 《史记》卷七《项羽本纪》，中华书局，1959年，第311页。

⑨ 杨学芹、安琪：《民间美术概论》，北京工艺美术出版社，1994年，第18页。

⑩ 潘懿：《"一色杏花红十里"挂牌花钱赏析》，《收藏》2015年第6期。

⑪ 《汉书》卷九十九《王莽传》，中华书局，1962年，第4151页。

⑫ （南朝宋）刘义庆：《世说新语·自新第十五》（插图本），中华书局，2007年，第129页。

（作者单位：首都博物馆）

山东博物馆藏辑佚价值全形拓赏析

张祖伟

全形拓，又名器形拓、立体拓等，是一种力求表现器物立体图形及纹饰等信息的传拓技法，在某种程度上担当了摄影的角色，大致在清嘉庆间由马起凤、释达受等创始，极具实用与观赏性，一面世即受到金石学家的追捧。民国时，因西方摄影、印刷等技术的冲击而急剧走向没落，逐渐退出了历史舞台，如今纵使文博单位也鲜用此法。目前，学界也鲜有关注，且研究基本集中在代表人物、技法流变及审美性方面，较少关注其本质是为满足金石学家学术交流及高级别审美情趣而诞生的图形文献，不仅曾推动了传统金石学的发展，而且对当今学术也大有裨益，尤其在辑佚方面具有独特而重要的价值。如有些失传器从未被著录，甚至《殷周金文集成》（后文简称《集成》）、《三代秦汉金文著录表》（后文简称《著录表》）也失载[①]，没有留下任何信息；有些失传器虽曾被著录但仅有铭文而无图形、流传等信息，而全形拓正可补其阙。有时，它还可补充器物某些以往未知的收藏记录，甚至也可完善人物传记的重要信息。

有清一代金石学繁荣，山东籍及宦游山东的金石学家名家辈出，在中国金石学史上书写了浓重一笔。因这一学术渊源，山东博物馆收藏有全形拓百余件，不仅数量多，其原器也多样化，簋、鼎、壶、钟、爵、弩机等不一而足，观赏价值高，而且更难得的是多系名器原拓、名工手拓、名家监拓或题跋本，是难得一见的精品，其中不乏具有重要辑佚价值者。

一、许梿监制并跋董武钟全形拓

众所周知的董武钟，初载于宋王厚之《钟鼎款识》，战国器，篆及正鼓有纹饰，钲间及两侧鼓有鸟篆体铭文10字。直至清嘉庆间，阮元从吴门陆氏得到一册赵孟頫、项元汴、曹溶等递藏王氏集拓的拓本册——《钟鼎款识》，将其摹刻传世，方广为人知。但原器一直未现身，不知何时即已亡佚。馆藏有1件与之颇有渊源的同铭青铜钟全形拓（图一）。

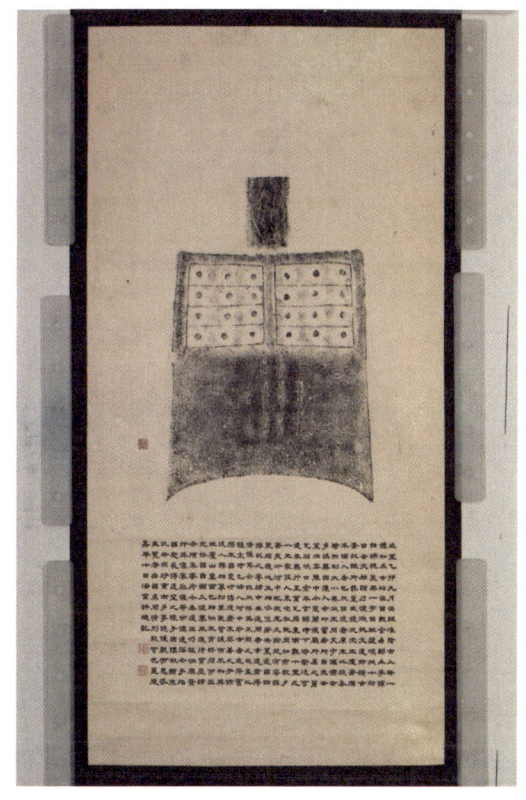

图一 许梿监制并跋董武钟全形拓

拓本采用清人惯用的青铜钟制拓法：平视构图，器形仅表现为轮廓线形，用墨不注重阴阳浓淡变化，甚至甬部也不例外，立体感相对不强，整体风格比较古朴。许氏跋曰："咸丰乙卯九月，偶经淮阴市上，睹一钟，知为古物。亟以数金易归，土华绣蚀，谛视几无一字，以酢浆浸拭十余日，全文始显，乃仪征阮文达师《积古斋款识》所载董武钟，从宋王复斋拓本编入者也。然以复斋原本比校参稽，形制大小截然不同，文字偏傍亦多讹异。因复入市，叩鬻者所自来。云：某向客豫中，今夏兰仪厅所属之箭瓦厢决口，仓促言归。时下游断流可通车马，行至箭瓦厢东南数十里之小王家庄，人众喧哗，就问，知前数夕每夜分，河中辄放光丈余，疑有窖镪，聚掘获此。正相咨嗟若失，某遂以四缗取之，寄肆中无过问者，幸遇君，得倍值耳。余恍然悟其不同之故，盖此钟宋时已沦入河中，好古者或得旧拓本，以意仿铸，复斋不察，著之于录，后人转相摹刻，莫敢訾议，而不知其非庐山真面也……"（钤"许槤私印""叔夏"）

据跋，原器系咸丰五年（1855）许氏途经淮阴时购得的新出土之物，其铭文字体、数量、内容虽与《钟鼎款识》董武钟相同，但铭文全部在正鼓且通体无纹饰，整体风格比《钟鼎款识》所记者古朴。故许氏断定自己所得河中之物系真器，而王氏所得系真器失踪后商贾据拓本仿作的伪器。许氏藏钟光绪间为家仆窃售，旋流失海外，不知下落。其如昙花一现，当时学界知者甚少，仅吴式芬《捃古录》收录其铭，而《集成》亦失载，未见图形传世。故此拓无疑是我们了解此器由来、形制、铭文、图形等信息的重要资料。

二、刘喜海监制全形拓四条屏

馆藏八器全形拓四条屏，八器分别是：师奎父鼎，又名宝父鼎，西周中期器，关中出土，刘喜海、吴大澂等递藏，现藏上海博物馆。父辛卣，殷器，未见流传信息，现存国家博物馆。父乙盉，殷器，罗振玉、刘体智递藏，今下落不明，但有铭文、图形传世。西弗生甗，又名函弗生甗等，西周早期器，咸阳出土，潘祖荫、端方等旧藏；且戊觚，殷器，陈介祺、刘体智旧藏。西弗生甗与且戊觚二器下落不明，未见图形传世。良季鼎，西周晚期器，仅《集成》据傅大卣藏拓收录铭文；姬彝簋，《捃古录》载铭文，《集成》失载。良季鼎与姬彝簋二器下落不明，无图形及流传信息。鸟纹钟，周器，右侧鼓有一鸟形纹饰，故暂定名，未见于任何著述，《集成》亦失载，今下落不明。以上八器拓本四条屏（图二—图九），分别钤印"燕庭收藏钟鼎文字""东武刘燕庭氏审定金石文字"。

拓本俯视构图，上铭下图，器形比例协调自然，但器口除姬彝簋外皆略有失真。用墨以淡色为基调，阴阳浓淡虚实结

图二 师奎父鼎全形拓

图三 父辛卣全形拓

图五 西弗生甗全形拓

图四 父乙盉全形拓

图六 且戊觚全形拓

文物研究

图七 良季鼎全形拓

图九 鸟纹钟全形拓

图八 姬彝簋全形拓

合非常娴熟，铭文清晰，花纹、兽首等细节捶拓佳，立体感强，特别是结构复杂的觚、甗及枚作立体拓的鸟纹钟，属上品。从师奎父鼎曾确为刘氏藏品及拓本钤印知，八器皆为刘氏藏器。除师奎父鼎外，其他七器皆未载于刘氏著述，亦未见于刘氏藏器记录。又七器中除父辛卣、父乙盉外，其他五器未见传世且仅有铭文而无图形传世，而鸟纹钟则更为新发现器。故两组拓本对于增补刘氏藏品、器物图形及流传信息等，具有极高价值。

三、刘大同跋父丁甗全形拓

父丁甗，殷器，有铭文3字"▨父丁"，故暂定名。未见于以往著述，《集成》亦失载，流传、归处不明。馆藏是器全形拓（图一〇），可补铭文图形及流传信息。

拓本上铭下形，俯视构图，比例协

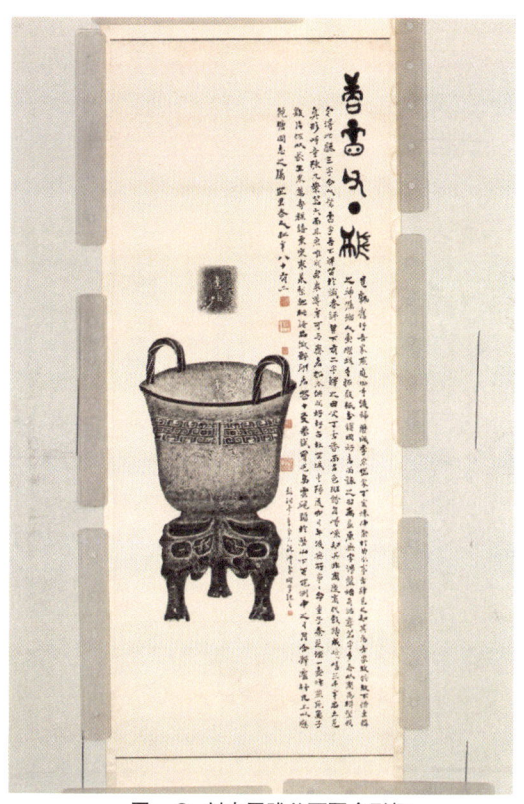

图一〇 刘大同跋父丁甗全形拓

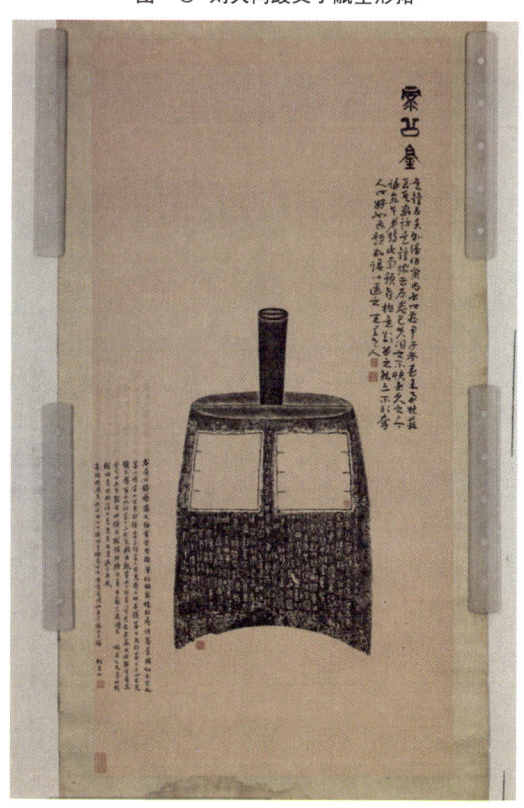

图一一 柯昌泗、刘大同跋录公钟全形拓

调,除器口外,各部分过渡自然。善用少见的浓墨重拓,墨色阴阳浓淡虚实结合非常成功,花纹、铭文清晰,立体感强烈的同时也表现出了历史厚重感及实质感,是非常好的重墨佳作。跋曰:"商父丁甗。是甗旧存吾家燕庭公手,后归历城李宗岱家。丁亥秋仲,余于曲水亭古肆见之,知其为吾家故物,故不惜重购之,归嘱乡人台继武手拓数纸,分赠同好……芝里老人时年八十有二。"钤"颠所好""刘""百花州里人家"。号芝里老人、且为刘喜海后裔的刘氏即刘大同(1865—1952),山东诸城人,民主革命志士,擅书法,喜收藏。"颠",盖其晚年自嘲之雅名,首次发现。1946年刘大同于济南获得是器,1949年作跋。是器曾由刘喜海、李宗岱递藏,但二人《长安获古编》《嘉荫簃藏器目》等著述均失载,盖皆付梓后所得。可惜的是,刘大同之后,父丁甗又无踪迹。

四、柯昌泗、刘大同跋录公钟全形拓

录公钟,周器,甬钟,钲及鼓部铭文密布,共有约300字,远超《集成》所载铭文最多的王孙遗者钟,创造新纪录。未见于以往任何著述,《集成》亦失载,流传、归处不明。馆藏一件可补其铭文图形及流传信息的全形拓(图一一)。

拓本俯视构图,甬部顶端、舞部在视线内,清代常规青铜钟制拓构图法。用墨简洁轻淡,得益于甬、舞部用墨阴阳浓淡虚实的结合,基本塑造出了立体感。因器、铭合一,为了最大限度地清晰反映出满器身的铭文,鼓部用墨偏于均匀,立体效果略有失真,但如此多的铭文字字清晰,非常难得。刘氏曰:"是钟为吴县潘伯寅尚书所藏,甲子年春,余过姑苏至其家访是钟。据云,原器已失,闻之不快者久之。今福泉老弟持此索题,喜极意欲留之，然亦不敢夺人所好也，因题数语以还之。芝里老人。"钤"刘颠"等柯氏亦考之，曰："右录公钟藏潘文勤家，字势雄浑，似聘敦、楷妃彝诸器，盖周初文字也。第一行第十字见邵钟，第三行第六字见齐子仲姜镈，第十五行第二、三、四字见散氏盘，第十九行第一三字见国佐甗，第廿二行第八字见番君鬲，凡此数字胥为金文中不多观者。此钟乃独备与。吻合真古籀之尾闾矣。福泉仁兄得此精拓，忻喜出视，得不羡其左右逢源之乐哉。录，周时国名。此云申公之孙作皇祖录公云云者，当是周初未定谥法之称。柯昌泗。"钤印"燕舲"。即是器为潘祖荫旧物，但《攀古楼彝器款识》等潘氏著述未载，盖刊刻后所得之物。

五、丁树桢藏父乙簋全形拓

父乙簋（拟名），周器，有铭文26字，因中有"父乙"，暂定名，《集成》失载，流传、下落不明。馆藏是器拓本（图一二）。

拓本上铭下图，铭文清晰。但非原器拓，木版翻刻痕迹明显。构图协调，器口两端过渡自然，各部位比例协调。通幅淡墨，甚为淡雅，虚实结合过渡非常自然，虽然没有重墨的对比，但是空间感突出，如腹腔的营造、两耳兽首的表现，惟妙惟肖，是难得的佳品，整体风格颇有全形拓早期代表人物释六舟遗风。钤印"六秦诏量之馆""鉴斋""黄县丁幹圃收藏金石"等，丁树桢旧物。丁氏，字幹圃，号陶斋等，清代"山东首富"黄县（今龙口市）丁氏家族分支，掌管泰来商号，嗜金石，所获颇丰。中华人民共和国成立后，颂簋等52件器物及许多其他藏经山东文物管理委员会入藏我馆，此拓在列。

六、陈寅生跋亚冀父甲卣全形拓

亚冀父甲卣，殷器，知见范围极小，至民国时始有罗振玉《三代吉金文存》、王辰《续殷文存》两家著录，且《三代吉金文存》误编入甗或彝类，概罗氏未见过原器，甚至全形拓等直观文献稀见导致。今下落不明，《集成》虽亦收录铭文，但也无流传等信息。馆藏是器拓本（图一三），可补充图形、流传信息。

拓本上铭下形，盖、器相合，俯视构图，比例协调，器身过渡自然。相对于器身，提梁、器盖、圈足等处的施拓更加用心，花纹细腻自然清晰，提梁兽首墨色浓淡虚实结合，栩栩如生，立体感强，是非常难得的佳作。钤"君锡""吴大澂印""黄县丁幹圃收藏金石"等印。光绪十二年（1886）跋称："商父甲卣。是卣器、盖同文，父甲二字上亚形中有析木形，下如其字。器为内府所藏，光绪六年六月御赐肃邸四十正寿者。君锡先生得拓一纸，装而成帧，嘱题其端，谨志数语

图一二　丁树桢藏父乙簋全形拓

于末。丙戌嘉平十有七日。寅生陈麟炳呵冻书。"钤"陈""寅生"。陈麟炳（1830—1908），北京人，同治秀才，首创墨盒刻铜艺术，与张樾臣、姚茫父并称三大刻铜大师。嘱跋及制拓者君锡，原姓，生平不详，世传王懿荣邀其传拓所藏秦汉瓦当拓本册及王氏跋其手拓齐侯四器全形拓，故系晚清制拓名家。此拓是肃良亲王隆勤因寿受赐而令原氏制作，后又经吴大澂、丁树桢等递藏。除保存图形外，此拓还有一个更重要的价值，即解释了原器为何直至民国前都秘而不宣：一直深藏内府。但《西清古鉴》《内府藏器著录表》等内府藏器目未收录，后虽出宫禁却又入王侯门，皆非常人所能寓目。

七、季梁父钟全形拓

季梁父钟，周器，通体无纹饰，有铭文约43字，因其中有"季梁父用作铸钟"，故暂定名。未见于以往任何著述，《集成》亦失载，下落不明，未见铭文、图形传世。故馆藏是器全形拓具有重要文献价值（图一四）。其采用清代非主流的青铜钟制拓法：俯视构图，舞部在视线内，枚作立体拓。用墨阴阳虚实浓淡结合娴熟，特别是甬部凸起的旋、环及繁多细小的枚都得到极佳塑造，立体感强。虽器铭合一，但铭文字口清晰，皆可辨识。

八、陈介祺旧藏秦诏版铁权全形拓

公元前221年，秦始皇并灭六国，建立了中国历史上第一个统一多民族中央集权封建帝国。但最初却面临着因各诸侯旧地沿袭原有不同经济文化制度而引发的诸多混乱问题，度量衡即其一。为此，他颁布统一令，并将法令直接或铸成诏版再施加在分发全国的标准器上，保证了全国经济活动有序进行。感于此举意义重大，秦二世继位之初也以诏令重申，并将它或单

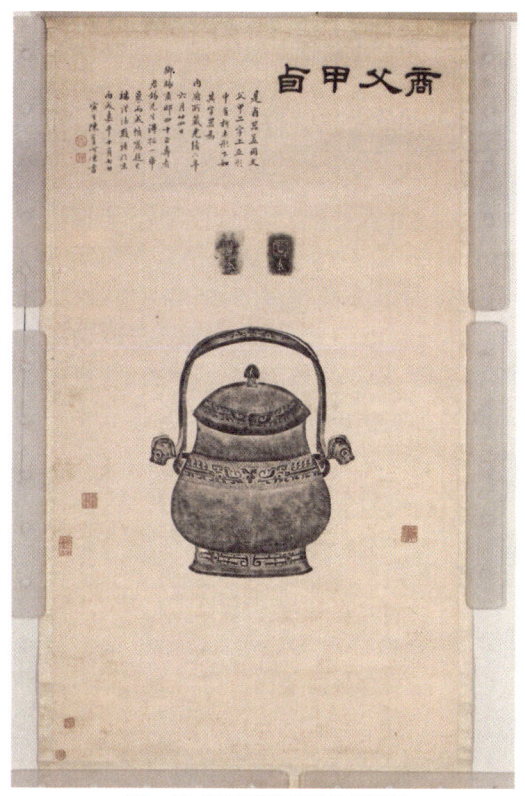

图一三 丁树桢藏父甲卣全形拓

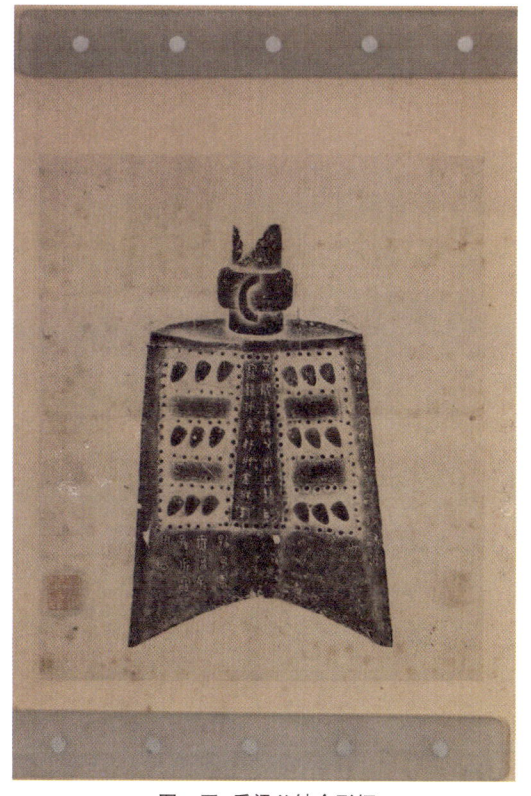

图一四 季梁父钟全形拓

独或与始皇诏令一并施加于标准器。这些秦诏度量衡是中国首次大一统的直接物证，其历史价值不言而喻，得之者皆宝之。据已知的《簠斋藏器目》《簠斋藏器目第二本》《簠斋藏古目》《簠斋吉金录》《簠斋藏古册目并题记》《簠斋金文题识》《潍县陈氏宝簠斋藏器目》七种藏器著述，簠斋收藏有此类诏版、铜诏量、诏权遗物共12件[②]，其中秦诏版铁权仅始皇诏铜版百二十斤铁权一种。但馆藏有两种簠斋旧藏诏版秦权全形拓，除熟知的百二十斤铁权外，还有一件二世诏版秦权拓本（图一五）。

是拓朱、蓝二色相衬，别有情趣。平视构图，或因权身锈迹斑驳难以着墨，墨色浓淡运用并不成功，使器形图更像轮廓图。相比之下，拓工将重点放在诏版制拓上，因异色反衬及锈迹的恰当处理，墨蜕高度清晰，毫发毕现。钤印"簠斋藏三代器"等。不过，核之前列七种著述，未见此器。或为金石好友的拓赠，或为陈氏借拓好友之物，如《簠斋藏古目》等即载其借拓李佐贤、吴式芬诏铜量事。但从钤印来看，也无法排除系簠斋失载藏品的可能。据巫鸿《秦权研究》统计[③]，自宋至民国的金石著述中共有27部著录过秦诏权108枚，其中二世诏版秦权仅5枚，均在民国时方被著录，且均未传世；中华人民共和国成立后，出土或收藏的秦诏权共30枚[④]，未见1枚二世诏秦权。可见，二世诏版秦权非常罕见。而拓本却保存了1件目前已知出土时间最早的二世诏版秦权样本，具有重要文献价值。

九、陈介祺旧藏秦始皇诏陶量全形拓

始皇诏量也是秦统一后颁布的法定度量衡。据已知7种著述，簠斋收藏有1件始皇诏二世诏铜量及24枚始皇诏陶量残片，并未收藏完整陶量。但馆藏有其旧藏的1件始皇诏陶量全形拓（图一六），其原器

图一五 陈介祺旧藏秦诏版铁权全形拓

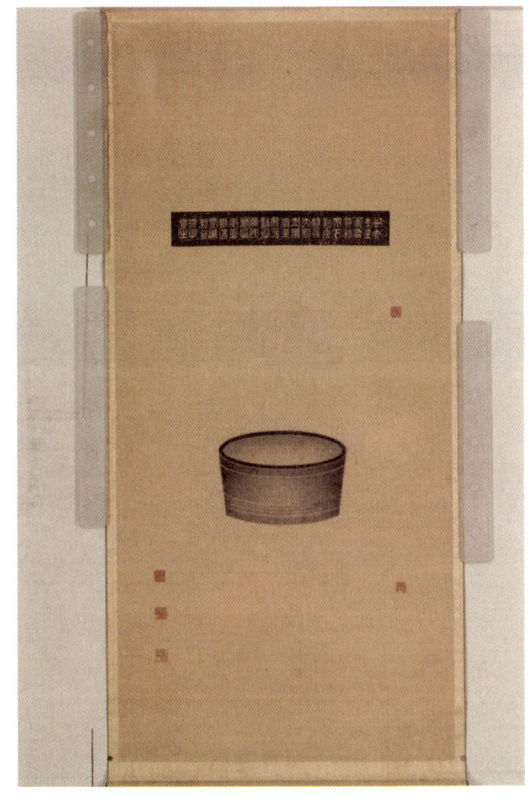

图一六 陈介祺旧藏秦始皇诏陶量全形拓

如上文中的二世诏版秦权值得探究。

根据形成方式不同，秦诏陶量铭文分为大小两种：一种为直接写刻的大字，3字1行；一种是用印按压制成的小字，2字1行，4字1印。拓本上铭下图，诏令2字1行，4字一界栏，印制特征明显，即簠斋所谓"小字者"。器形构图比例协调，器口过渡自然，浓淡墨的运用非常成功，既极好地表现了陶质及器身竹节纹饰等细节，又塑造了立体感。

虽然7种著述中无完整陶诏量，但据簠斋致吴大澂的信札，其至少收藏有63件完整陶器。他曾将此批完整陶器捶拓一过并赠予吴氏，"古陶今得邑人姚公符学桓作图，尚精细。今寄图屏六十二幅，又矢胸盘（有考未及书）大纸者一幅，共六十三纸"⑤。惜这批陶器不知去处，甚至未见目录传世，单件全形拓希见（山东博物馆藏其中7件器物的全形拓），整套全形拓未曾闻。故也无法彻底排除拓本原器系簠斋旧藏63件完整陶器之一的可能性。据《中国古代度量衡图集》，现存始皇诏秦陶量完整器共5件，皆中华人民共和国成立后新出土。其中山东邹县同出的4件陶量与拓本原器外形相似，铭文形成方式相同⑥，但器身外壁皆光滑，无竹节纹饰。故无论其是否是簠斋藏品，馆藏拓本都提供了一个出现时间最早且饰有不同纹饰的新样本，具有重要文献价值。

十、王懿荣监制汉永始元年（公元前16年）弩机全形拓

重先秦而轻秦汉器，是传统金石学的一个惯例，这点可以从一众金石学著述的收录范围看出。其明显弊端就是绝大多数失载秦汉器只能靠口耳相传，故知闻范围及时效十分有限。一旦失载器失传，则信息极易荡然无存，后世甚至都不知道其曾存世过。因此，失载失传秦汉器的全形拓十分重要，是获知其原器信息的重要甚至唯一资料。馆藏汉永始元年弩机全形拓即

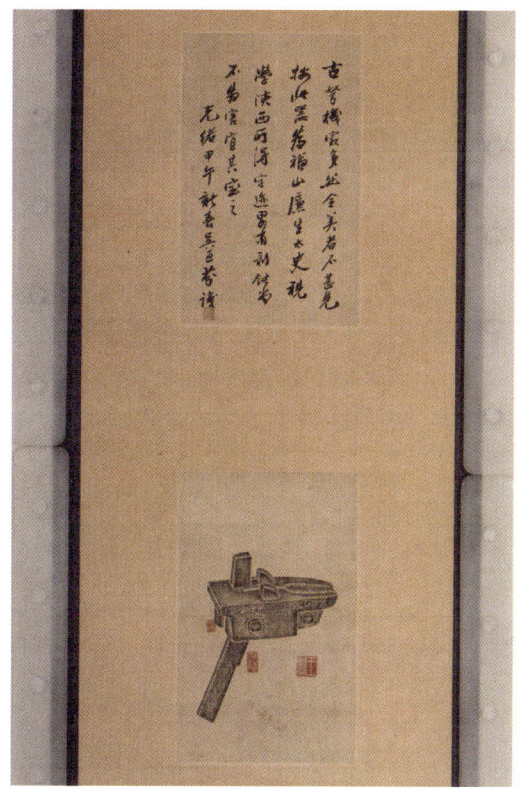

图一七　王懿荣监制汉永始元年弩机全形拓

是如此（图一七）。

就制拓而言，弩机机郭个体虽不大，但平面、立面数量较多，结构相对复杂，铭文一向非常纤细，若再锈迹斑斑甚至磨勒剥蚀，精拓有一定难度。是拓构图协调，用墨虚实浓淡结合娴熟，立体感强。铭文虽含于图形，但字口清晰，可以轻易辨识出造器纪年，是难得的佳品。钤印"六皆手拓""王懿荣""莲生所藏金石"，出自程谦吉之手。程氏，字六皆，江西德兴人，客居杭州，咸丰、同治年间著名的吉金拓家。光绪二十年（1894）吴道芬跋称："古弩机最多，然全美者不甚见。按此器为福山廉生太史视学陕西所得，字迹略有剥蚀，尚不为害，宜其宝之。光绪甲午新春吴道芬识。"钤印"道芬"。此器未见于包括王懿荣著述、王国维、罗福颐《著录表》在内的任何著述，失载失传。若非此拓，世人可能不知此物，遑论出土、流传等信息。

十一、结语

在近代图形复制技术发明以前，全形拓是金石学家的最佳选择，是清代金石学繁荣的助推力之一，并逐渐成为其一个独立分支，具有独特深厚的文化内涵。今因实用功能的落伍而退出历史舞台，被世人及部分学人轻视为一种奇技淫巧和仅供观赏的美术品。而利用钤印、题跋、图形等要素发掘全形拓的辑佚价值，无疑是在当前境遇下还原其金石文献内涵及认识其重要学术价值的一个良好角度。

① 《殷周金文集成》，中国社会科学院考古研究所编，是目前收录海内外殷周青铜器铭文最全最可靠的总集；王国维、罗福颐编撰的《三代秦汉金文著录表》，是目前收录各家秦汉器最全的总集，本文所言失载失传的殷周及秦汉器分别依据此二书。

② 《簠斋藏古册目并题记》《簠斋吉金录》等著录的3件量中的2件为借拓李佐贤、吴式芬藏器，1件量版为吴式芬藏器，1件度版为张廷济藏器。计算簠斋藏品时，需要扣除。

③ 巫鸿：《秦权研究》，《故宫博物院院刊》1979年第4期。

④ 国家计量总局等：《中国古代度量衡图集》图版166—179，文物出版社，1984年，第112页。

⑤ 陈介祺：《簠斋尺牍·光绪四年十月九日致吴大澂》（五册本），民国石印本。

⑥ 国家计量总局等：《中国古代度量衡图集》图版109—112，文物出版社，1984年，第68页。

（作者单位：山东博物馆）

延庆两件龙纹石雕年代及相关问题考略

罗 飞

延庆灵照寺及延庆博物馆收藏的雕龙石座[①]与龙纹石刻[②]，雕工精美，构图严谨，作为主体纹饰的龙纹，威猛矫健，姿态灵动，颇具神韵，均是古代龙纹石雕精品。两件石雕是1991年由延庆区永宁上帝庙征集而来。永宁上帝庙，位于延庆永宁镇阜民街上帝庙巷路北，创建年代不详，两进院落，共有房屋29间，占地面积约2000平方米。庙内除供奉玄天上帝外，还供有火德真君、赵公明、杨戬等神像[③]。对于两件石雕的年代，《延庆博物馆》一书中将龙纹石刻的年代定为明代[④]，而雕龙石座则未定具体年代。2016年，笔者实地考察两件石雕后认为二者的年代颇有值得探讨之处，本文就这一问题对这两件石雕作一初步考察。

一、雕龙石座的年代考察

雕龙石座现收藏于延庆区灵照寺院内西廊下，该件石雕长202厘米，宽102厘米，厚28厘米，由一整块汉白玉雕成，石材颜色偏灰，上半部颜色略深，有黑色纹理（图一，1）。双龙各自独立，作海水中升腾状，分别位于两个由卷草纹围成的正方形区域内。每个方形区域外廓边长87厘米，内郭边长74厘米。左侧龙纹的龙首位于方形画面上方，身躯蜿蜒呈"C"状，尾部拖后上翘，两后腿前后分列，表现出龙从海水中腾空跃出水面的瞬间；右侧龙整体则呈"Ɔ"状，与左侧龙姿态对称。双龙身姿矫健，肢体粗壮，怒目圆睁，前爪上扬，威严凶猛，颇富动感与张力；须发、髭毛、鳞片、海水纹、卷草纹等细节之处则雕刻精细，线条流畅，一丝不苟。整体上看这件石雕构图严谨，雕工精湛，气势撼人而不失细腻精巧，是一件古代龙纹石雕中的上乘之作。从石座龙纹的整体构图看，这种呈镜像对称的升龙形象，较早的实例见于南汉大宝十年（967）广州光孝寺东塔底层[⑤]（图一，2）。其后，在辽代与元代的金银器[⑥]、玉器[⑦]、丝织品等文物中亦偶见这类图像。西藏夏鲁寺元代壁画《龙凤御座图》中的对称升龙形象，是目前已知这类图像中尺幅较大的一例[⑧]（图一，3）。李静杰、齐庆媛在《二龙系珠与二龙拱珠及二龙戏珠的图像谱系》一文中对北朝后期至明清时期的双龙图像进行了较为系统的梳理，可知这类呈"C"形姿态对称的双龙形象并非中国古代双龙图像的常见形式[⑨]。

对于这件雕龙石座的年代，笔者拟从龙纹、海水纹、边郭卷草纹三个方面对其时代特征进行具体分析：

1. 龙纹

龙纹是这件石雕的主体纹饰，左右两个龙纹基本对称。从整体姿态上看，这种龙首在上呈"C"形升龙姿态的龙纹可上溯至北宋时期[⑩]，进而通过简要梳理这类龙纹可知（图二），这种"C"形姿态的升龙纹兴起于北宋，盛行于金元，明代仍有沿用，普遍见于瓷器、玉器、漆器、

1. 延庆灵照寺藏雕龙石座（笔者摄）

2. 广州光孝寺东塔底层双龙纹

3. 夏鲁寺《龙凤御座图》局部

图一

丝织品、建筑构件等常见器物上。通过对宋代至明代以来这一形态的龙纹进行深入对比不难发现：宋、金、元时期的该形态龙纹的两前腿绝大多数位于身体一侧；而进入明代后"C"形升龙纹的两前腿则一般分别位于龙身体两侧，呈一前一后的姿态，成为在整体姿态上区别于宋元时期该形态龙纹最显著的特征[11]。因此，雕龙石座上龙纹的这种龙爪位于身体一侧的升龙纹是宋元时期较为常见的龙纹样式。

从龙纹的局部特征看，雕龙石座中的龙首整体扁长，双角细长，毛发上翘，龙耳较小，位于龙角根部之下，双眼呈两个球形，所占头部比例略大，怒目圆睁，双眼前方雕出隆起的鼻头，双眉粗壮；嘴大张，露出獠牙与细舌，上嘴吻部较长上翘，微前卷，下颌处有胡须一缕，以上与宋元时期龙首特征一致。而其颈部细小，龙首与颈部连接处粗细对比强烈，则直指其具有显著的元代龙纹特征[12]（图三，3）。

从龙爪形态来看，爪部、腕部及关节处粗壮，爪尖锋利，五爪展开大张呈扇形。龙爪和龙腿相比，明显比例偏大，北京大学李淞教授在《论<八十七神仙卷>与<朝元仙仗图>之原位》一文中对唐宋之际的龙纹进行梳理后指出："比较（龙）爪之相对大小，则《朝元》的龙爪大得多，似乎是有意突出，以强调与以前（唐）不同。《九龙图卷》的龙爪也很大，体现出宋代龙图像的主流趋势：由三爪变为四爪且比例更大。"[13]再结合北京房山金代皇陵遗址、内蒙古正蓝旗元上都遗址等地发现的金元时期典型龙纹石雕实例来看，龙爪变大是宋代以来龙纹发展变化显著特征之一，并一直延续至元代（图三，4～6）。

再从龙纹的前腿形态看，前伸的龙

图二

腿掌心向外，掌心处雕出凸起的肉垫，掌腕至前肢则雕出跟腱与表现肌肉的纹理；拖在后面的龙腿则爪背向上，并在爪背处雕出横向的鳞甲状纹理，从而将龙两前腿的向背表现得惟妙惟肖。这种将龙两前腿与爪部雕刻出向背不同朝向的表现手法，在北京房山金代皇陵遗址出土的行龙栏板中也可找到实例，元代龙纹继承了这一表现手法，使用十分普遍。明代以后，龙纹中的两前腿则均满覆鳞片，两前爪亦均雕成爪背向上状，而不作向背相区别的表现（图三，7~9）。此外，雕龙石座龙纹还注重对爪尖弯曲方向的刻画，其手法亦与元代龙纹例证中爪尖的表现手法一致。

2. 海水纹

海水纹满布于龙身周围的方形围框之

·65·

内,有波浪、浪花、漩涡三种表现形式,流畅繁密,舒卷有致,富于节奏感,特别是龙身躯干两侧的海水纹随龙身突起较高,表现出龙身腾出水面时波浪的起伏,从而更加烘托出龙在水中翻腾的动感,形成了强烈的视觉冲击。拖在最后的龙爪隐匿于漩涡之中,周围雕以堆叠的浪花,增加了画面的纵深感,同时又与躯干部位突起的细密海浪形成了对比与呼应。海水纹整体构图疏密得当,富于变化而不显杂芜,有效地对主体龙纹起到了衬托作用,更加突现了龙的威严与神圣。

海水纹的刻画写实且不流于程式,注重海浪与主体龙纹之间的呼应,其中龙躯干与尾部所见的以主体龙纹为中心向两侧垂直发散的水纹表现方式,与元代器物上的海水纹十分一致(图三,10~12)。并且雕龙石座中龙的后爪没于海水中而形成漩涡的表现手法,亦与明城墙基址出土的元代双凤麒麟纹石雕中麒麟前蹄部位的海水纹特征一致。此外,雕龙石座的海水纹注重对漩涡的表现亦与元代海水纹表现特点十分相似。

3. 卷草纹

环绕雕龙石座的卷草纹采用剔地雕刻的手法,主干为连续的"S"形曲线,每个"S"形的内凹处,从主干曲线中伸出呈左右不对称的"r"状卷曲纹饰,宛如植物嫩芽。整个卷草纹构图严谨,线条流畅,环绕于海水龙纹周围,不仅增加了装饰性,更起到了衬托主体纹饰的效果。

雕龙石座中的卷草纹形式在西夏王陵碑刻的边饰中已可见到类似的实例[14],而与之基本一致的实例则见于元代各类器物的边饰(图三,13、14)。可见,这种卷草纹在元代已形成了相对程式化的样式,成为一种比较常见的边饰。进入明代后的卷草纹在内凹的单元中的卷草主干则呈左右对称"Y"状卷曲,与元代卷草纹有着明显的区别(图三,15)。

综上,通过对雕龙石座与宋元时期纪年相对可靠器物上的龙纹进行深入对比,

不难发现无论是龙纹的整体姿态,还是龙首、龙爪、海水纹、卷草纹等细部特征,以及雕刻技法、构图方式等方面,都显示雕龙石座具有鲜明的元代艺术风格。

二、延庆博物馆藏龙纹石刻的年代考察

延庆博物馆藏龙纹石刻目前作为展品陈列于延庆博物馆"延庆通史"展中(图四,1)。说明牌将其年代标注为明代,并在《延庆博物馆》[15]一书中对其进行了著录。

龙纹石刻由一整块汉白玉雕成,长93.5厘米,宽27.5厘米,厚27.5厘米,即整体呈一横截面为正方形的长方体石柱,石刻的四个侧面中两个相邻的侧面雕有花卉龙纹,另两个相邻的侧面仅粗略加工出大致的平面,而未进行细致修整。雕有花卉龙纹的两个侧面各自独立,图像大致对称。龙躯干主体呈"S"形,回首上扬,龙五爪双角,嘴微张,牙外露,上吻部较长,头后鬃毛向上竖起。四肢上下错落,后腿作下蹬状,表现出龙在花卉间向上穿梭的姿态。

根据龙纹与花卉纹的构图方向可以判断,这件石雕作为构件使用时应为竖直立放,进而结合其形制可知,这件石雕应为建筑台基上使用的角柱石。角柱即建筑物墙体转角处的长方体石柱,在《营造法式》中有明确的记载[16]。元上都宫城1号基址的考古发掘中,出土有一件完整的汉白玉角柱石(图四,2),长方体柱状,高210厘米,宽53厘米,厚52厘米。角柱的四个侧面中,外露的南、西两面制作十分规整精细;与墙体相接的另两面只经粗略加工,表面较为粗糙。南、西两面四周均刻有边框,框内各浮雕有精美的腾龙一条,并有花卉图案相衬。两侧图案相同,并相互对称。龙头相背前伸,嘴微张,牙外露,双角直立,龙须上扬,龙身弯曲,身上分布规整的龙鳞、五爪。龙体周围饰

延庆两件龙纹石雕年代及相关问题考略

雕龙石座局部	相关器物局部		
 龙首	 1.元代龙纹缂丝（采自：《大汗的世纪》）	 2.保定出土青花梅瓶局部（采自：《中国出土瓷器全集3·河北》）	 3.兴隆寺置地碑（笔者摄，北京石刻艺术博物馆藏）
 龙腿与龙爪	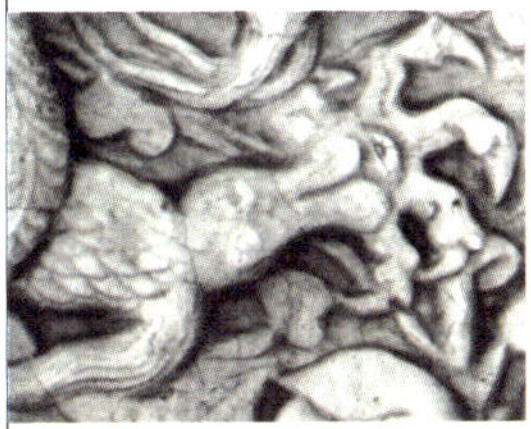 4.金陵龙纹栏板（笔者摄，北京石刻艺术博物馆藏）	 5.元上都遗址出土角柱石（笔者摄，元上都博物馆藏）	 6.渎山大玉海（笔者摄，北海公园藏）
	 7.居庸关云台内浮雕（笔者摄）	 8.兴隆寺置地碑（笔者摄，北京石刻艺术博物馆藏）	 9.明十三陵神道石柱（笔者摄）
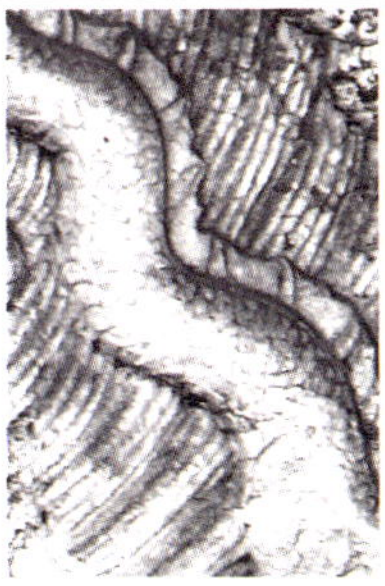 海水纹	 10.山西临汾水神庙元代《尚宝图》壁画局部	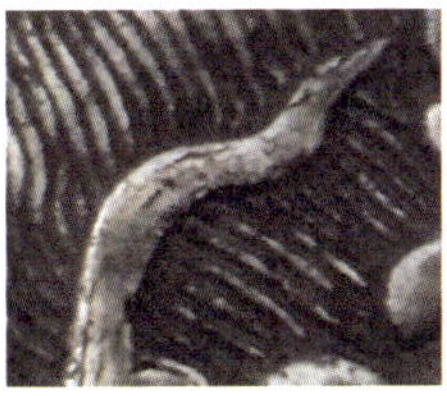 11.元代双凤麒麟纹石雕局部（笔者摄，国家博物馆藏）	 12.青白釉刻花云龙纹罐（采自：《故宫博物院藏元代瓷器（上）》）
 边饰	 13.元代缂丝天鹿纹云肩残片局部（采自：《黄金·丝绸·青花瓷：马可波罗时代的时尚艺术》）	 14."至大元年"款琉璃釉雕双耳三足炉局部（采自：《故宫博物院藏元代瓷器（上）》）	 15.明长陵棱恩殿丹陛（笔者摄）

图三

以繁密的牡丹、菊花、荷花和莲藕等图案。雕刻的龙神态飘逸，形象逼真，图案十分精美，表现出纯熟精湛的雕刻技法。[17]龙纹石刻与元上都出土的角柱石在整体形制、龙纹与花卉纹的特征及构图方式等方面均十分一致。与之类似的元代石构件还见于宁夏固原开城元代安西王府遗址出土的角柱石[18]（图四，3），其形制与纹饰亦与延庆龙纹石刻基本一致。龙纹石刻中龙头部、颈、爪亦表现出诸多元代龙纹特征，此处不再赘述。再从环绕龙身四周的花卉纹看，主要雕刻有荷花与牡丹花，枝蔓伸展自然，注重表现花叶的向背与细节，亦与元上都角柱石上的花卉纹雕刻手法基本一致。据《南村辍耕录》记载："直崇天门，有白玉石桥三虹，上分三道，中为御道，镌百花蟠龙。"[19]可知，元代宫廷内的建筑石构件注重装饰，皇宫内的石栏板上就曾普遍雕刻有龙与花卉组合的纹饰。

综上，通过对龙纹石刻形制的分析，进而探讨其龙纹与花卉纹所表现出的诸多特征，可知龙纹石刻应为一件元代石雕作品，而其名称也当定名为"龙纹角柱石"更为准确。

三、两件石刻文物涉及的其他问题

1. 龙爪、龙角与相关制度

雕龙石座与龙纹石刻中的龙均为五爪双角，元代龙纹的使用有着严格的规定。《元史》记载："（至正二年四月）禁民间私造格例。……丁亥，禁服麒麟、鸾凤、白兔、灵芝、双角五爪龙、八龙、九龙、万寿、福寿字、赭黄等服。"[20]又据《元典章》记载，至元七年（1270）、元贞元年（1295）、大德元年（1297）、延祐六年（1319），元政府都曾对民间交易中出现带有日月龙凤、五爪双角缠身龙、五爪双角龙凤等祥瑞图案的服饰或丝织品的现象加以明令禁止，并禁止匠人织造带有该类纹饰的丝织品，违者治罪[21]。可知，元代祥瑞纹饰是等级身份的直接代表，有严格的使用规制，五爪双角龙纹作为皇帝专用的龙纹，象征着至高的皇权，并影响了明清龙纹的使用制度。

1. 延庆博物馆藏龙纹石刻（笔者摄）
2. 元上都遗址出土的角柱石（采自林梅村：《元宫廷石雕艺术源流（上）》，《紫禁城》2008年第6期）
3. 开城安西王府遗址出土的角柱石（采自：《开城安西王府遗址勘探报告》）

图四

因此，雕龙石座与龙纹石刻中龙纹均为典型的五爪双角样式，应均属元代皇家石雕，与元代皇帝在延庆地区的活动有着密切关系。

2. 雕龙石座用途蠡测

雕龙石座除正面雕有纹饰外，背面与外露的三个侧面粗略加工，有斧剁纹，无榫卯痕迹，底面因固定在下方基座上，情况不明。仅从形制上看难以判断其原有用途。从石座两侧边郭卷草纹呈向上延伸状可初步判断：这件石雕可能原与其他石构件组合使用，亦或上部原有部分后被人为錾掉。

值得注意的是，雕龙石座的这种以两个正方形区域并列、同时在两个方格中间与上部形成的"T"字形素面区域构图的方式，与甘肃榆林窟第6窟中所绘两幅元代供养人后的坐具靠背[22]、山西长治郝家庄元墓壁画中床榻背屏[23]，以及晋祠圣母殿中圣母塑像宝座后屏风的构图方式十分一致，再结合西藏夏鲁寺一层护法殿元代《龙凤御座图》壁画中与雕龙石座如出一辙的双龙形象[24]，推断雕龙石座可能与坐具有关，为探讨雕龙石座用途提供了方向与启示（图五）。

廖旸研究员在《夏鲁寺护法殿门廊御榻图补论》一文中指出：元代对具有特殊象征意义的御榻崇拜广泛存在，可以上溯至忽必烈时代。并从原庙制度入手，对文献中记载的宋元时期寺院供奉御榻的情况作了有益的梳理[25]。的确，宋元时期全国各地重要寺庙供奉帝王御榻（座）的现象十分普遍。元代位于当时居庸关的永明寺内就曾设有御榻[26]。

元代宫廷重大朝会之上有一个不同于前代的新习俗——帝后同升御榻，即皇帝与皇后并座于御榻之上临朝[27]。现存表现元代帝王朝会活动的图像资料亦可印证这一习俗[28]。帝后并座，座面势必要具备相应宽度，而雕龙石座达两米有余的宽度，恰与二人并坐所需坐具宽度相当[29]。而雕龙石座雕刻图像中还有一个值得关注的细节：左侧龙嘴前的海水纹中，雕出一在海浪漩涡中升腾而起的焰珠，而右侧龙嘴前则仅雕有漩涡。焰珠的位置则表明左侧地位尊于右侧，亦与现存诸多表现元代帝后并座图像中皇帝位于画面左侧的方位次序一致。《马可波罗行纪》中亦有"大汗开任何大朝会之时，其列席之法如下：大汗之席位置最高，坐于殿北，面南向。其第一妻坐其左"[30]的记载。

尽管不能就此作出雕龙石座是一件石雕座榻的靠背或背屏一部分的判断，其用途也尚难下结论，但以夏鲁寺《龙凤御座图》、榆林窟壁画等图像资料为线索，结合相关文献，至少为探讨其用途提供了一种思路。

四、结论

通过对延庆收藏的两件龙纹石雕形制、纹饰、用途等方面的分析，可以得出如下结论：

1. 延庆收藏雕龙石座与龙纹石刻二者

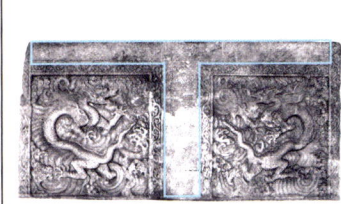  

1.雕龙石座中间的"T"形区域（笔者摄）　　2.榆林窟第6窟元代供养人（采自：《中国石窟艺术榆林窟》）　　3.郝家庄元墓壁画中床榻背屏（采自：《山西省长治县郝家庄元墓》，《文物》1987年第7期）

图五

均为元代石雕作品,并具有元代宫廷艺术风格。

2. 雕龙石座雕工精良,气韵非凡,其体量甚至超过了元大都考古所发现的麒麟灵芝纹丹陛㉛,是北京地区发现的又一元代宫廷石雕精品。

3. 龙纹石刻应定名为"龙纹角柱石"更为准确。

元代上帝庙所在的永宁地区正处于元代两都(元大都与元上都)之间的驿路之上㉜,其周边的独山、香水园等地都曾建有元帝避暑驻跸的行宫,元仁宗就出生在香水园行宫㉝。因此,这两件具有元代宫廷艺术风格与规制的龙纹石雕当与元帝在延庆地区的活动有着密切关联。本文对其年代与相关问题的初步考订,为北京地区元代宫廷石雕的研究增添了新的资料,也为进一步探讨延庆永宁地区元代历史文化提供了新的实证与依据。

附记:本文写作过程中承蒙北京石刻艺术博物馆吴梦麟先生、延庆区文化和旅游局范学新先生及邢志刚先生、本馆高川先生等师友的热情帮助,谨致谢忱。

---

① 收藏单位在登记档案中将这件石雕登记为"雕龙石座",此处沿用此命名。承蒙范学新先生告知。

② 本件石雕著录于延庆县文物管理所:《延庆博物馆》,新华出版社,2009年,第76页。书中将其命名为"龙纹石刻",本文沿用该命名。

③ 张凤起:《北京古镇图志·永宁》,北京出版社,2010年,第47页。又据该书中对上帝庙复原图的描绘可知,第二进院落内的正殿基座为"工"字型,该庙于20世纪90年代拆除。

④⑮ 延庆县文物管理所:《延庆博物馆》,新华出版社,2009年,第76页。

⑤ 粤博:《广州光孝寺》,《文物》1982年第4期。

⑥ 苏芳淑主编:《松漠风华:契丹艺术与文化》,香港中文大学文物馆,2004年,第63页。

⑦ 苏芳淑主编:《松漠风华:契丹艺术与文化》,香港中文大学文物馆,2004年,第301页。

⑧ 杨鸿蛟:《元代沙鲁寺龙凤御座图壁画及其政治寓意》,载沈卫荣主编:《大喜乐与大圆满:庆祝谈锡永先生八十华诞汉藏佛学研究论集》,中国藏学出版社,2014年,第379—393页。《龙凤御座图》壁画高2米,宽2.4米。

⑨ 李静杰、齐庆媛:《二龙系珠与二龙拱珠及二龙戏珠的图像谱系》,载中国古迹遗址保护协会石窟专业委员会、龙门石窟研究院编:《石窟寺研究》(第六辑),科学出版社,2016年。

⑩ 河南省文物考古研究所:《北宋皇陵》,文物出版社,1997年,第276页。

⑪ 需要说明的是:宋金元时期龙的两前腿位于身体一侧的规制,并不能作为时代判断的唯一依据,只是这一时期较为普遍采用的样式。明代此类龙纹亦然。

⑫ 刘珂艳:《元代纺织品中龙纹的形象特征》,《丝绸》2014年第8期。

⑬ 李凇:《论〈八十七神仙卷〉与〈朝元仙仗图〉之原位》,载《道教美术新论——第一届道教美术史国际研讨会论文集》,山东美术出版社,2008年,第180页。

⑭ 宁夏博物馆发掘整理、李范文编释:《西夏陵墓出土残碑萃编》,文物出版社,1984年,图版壹、叁柒、陆捌、柒贰。

⑯ (宋)李诫:《营造法式》卷三《石作制度》,中国建筑工业出版社,2006年。

⑰ 魏坚:《元上都宫城1号基址发掘报告》,载《元上都》(上),中国大百科全书出版社,2008年。

⑱ 宁夏文物考古研究所、固原市原州区文物管理所:《开城安西王府遗址勘探报告》,科学出版社,2009年,第233页。

⑲ (元)陶宗仪:《南村辍耕录》卷二十一《宫室制度》,中华书局,2008年,第250页。

⑳ 《元史》卷三十九《顺帝二》,中华书局,1977年,第834页。

㉑ 《元典章》卷五十八《工部一·造作·缎匹》,中华书局、天津古籍出版社,2011年,第1962—1968页。

㉒ 敦煌研究院:《中国石窟艺术榆林窟》,江

苏美术出版社，2014年，第153页。

㉓ 长治市博物馆：《山西省长治县郝家庄元墓》，《文物》1987年第7期。

㉔ 杨鸿蛟：《元代沙鲁寺龙凤御座图壁画及其政治寓意》，载沈卫荣主编：《大喜乐与大圆满：庆祝谈锡永先生八十华诞汉藏佛学研究论集》，中国藏学出版社，2014年，第379—393页。二者的双龙纹在艺术表现形式上虽然一画一雕，所在地域上又有几千里之隔，但二者在构图方式、艺术风格、气韵法度、体量尺寸上却表现出高度的相似性。

㉕ 廖旸：《夏鲁寺护法殿门廊御榻图补论》，《世界宗教文化》2015年第4期。

㉖ （元）熊梦祥：《析津志辑佚》，北京古籍出版社，1983年，第252页。

㉗ 《元史》卷六十七《元正受朝仪》《册立皇后仪》，中华书局，1977年，第1666、1673页。另据（清）于敏中等纂：《日下旧闻考》卷三十《宫室》中载朱彝尊原案："前代未有帝后并临朝者，惟元则然"，中华书局，1983年，第439页。

㉘ 史卫民：《元代社会生活史》，中国社会科学出版社，1996年，第48、80页。

㉙ 刘昱奇：《元代家具装饰艺术研究》，中南林业科技大学家具与艺术设计学院硕士学位论文，2012年。

㉚ （法）沙海昂注、冯承钧译：《马可波罗行纪》，上海古籍出版社，2014年，第175页。

㉛ 《北京文物精粹大系》编委会、北京市文物事业管理局：《北京文物精粹大系·石雕卷》，北京出版社，2000年，第164页。

㉜ 陈高华、史卫民：《元代大都上都研究》，中国人民大学出版社，2010年，第165—168页。

㉝ 《元史》卷二十五《仁宗二》记载："（延祐三年九月）改缙山县为龙庆州，帝生是县，特命改焉"，中华书局，1977年，第574页。

（作者单位：大钟寺古钟博物馆）

明御马监太监刘永诚墓出土文物及相关研究

邢 鹏　李 兵

首都博物馆收藏有1965年出土于北京朝阳区明成化年间御马监太监刘永诚墓的文物7件。该墓发掘情况长期未被报道，出土文物情况也一直未被完全（全面）公布。为了促进学界对明代宦官课题的研究工作，本文对这批文物进行了简要整理及初步研究。

1965年刘永诚墓被发掘，其位于北京市朝阳区东营村大山子马家坡（坟）[①]。据墓志记载，此地是当时"通州安德乡北王里原，公预卜墓田也"。该墓出土文物共8件，除墓志1合（2件）外，尚有瓷器3件、金冥币1枚、青玉鸡心形带板1件套（2块）、铜准2件。下文将根据出土文物分类研究。

一、刘永诚墓志及相关研究

刘永诚墓志1合（图一），分别为志盖和志底。两者均为方形，大小相同。均长68厘米，宽67.5厘米，厚11～12厘米。志盖为篆字，分为4行，每行3字。内容为"大明故御马监太监刘公之墓"，周庠篆。志底为楷书，共38行，满行38字。首题为"明故御马监太监刘公墓志铭"。岳正撰，程洛书，王用镌。墓志内容见文后所附录文。

经查，该墓志曾被《市文物局资料信息中心藏北京地区出土墓志拓片目录》[②]及北京市文物研究所编《北京市文物研究所藏墓志拓片》[③]等文献著录过。

（一）刘永诚生平简介

刘永诚（1391—1472），亦称"刘马儿"。据墓志记载其生于洪武辛未年（洪武二十四年，1391），逝于成化壬辰年（成化八年，1472）二月十七日，享年82岁。他十二岁（1402）入宫，供职于"御厩，便习骑射"。《明史》中概括了其一生的主要事迹："永乐时，尝为偏将，累从北征。宣德、正统中，再击兀良哈。后监镇甘、凉，战沙漠，有功。景泰末，掌团营。英宗复辟，勒兵从，官其嗣子聚。成化中，永诚始卒。"[④]

据墓志记载，其生前"独以满盈求退。子姓受教，辞去职任、不干戎政。家口累千，遣三之二。杜谢造请，泊如素门"。

刘永诚以军功闻名。除了正史中简要的记载外，明代的文人笔记为研究者提供了更为生动的内容。如"本朝太监刘马儿，为帅西征，临戎必戴假髯以令其众，盖取威重，如兰陵王假面入陈耳"[⑤]。而且直到140多年后的万历朝时，"今京师大家，所张围屏，多画刘永诚西征事者，自选入内廷，以擎米多力，见知于上，遂被任使，至御马太监，出征入阵，带假髯以冲锋，至凯旋受赏。诸得意状，竟不知皆实事否也。永诚死，上赐特祠额曰褒功，则劳绩或有之。然陷英宗于土木者为王振，亦先得赐祠曰旌忠。则此祠额，亦不足尚矣。刘永诚小名马儿，至今京师

图一 刘永诚墓志及其拓片（马英豪摄）

人，犹以此称之。"[6]

刘永诚信仰佛教，并在西北任职期间出资修缮佛寺、开凿石窟。如"据明正统十三年（1448）《重修凉州广善寺碑铭》记载：'正统九年，上命御马监太监大名刘公永诚镇守甘肃。公于城池兵甲米粟之务既毕，乃考图寻胜，相其旧址，则曰：前人有欲为之志，而未就，我则承之。于是出己金，鸠材聚工，凿山架楹，筑宫于其间。凡八层，高十有六丈，有钟鼓二楼，两庑三门，与夫诸僧禅颂之室，休宿之庐，瓦壁黝□，漆举以法。又于寺东高阜处，建塔一座，高二丈三尺，壮观实大。经始于乙丑年三月□旦，而落成于戊辰年八月望日。'……碑文所云广善寺，即天梯山石窟。从碑铭中可以看出，石窟在明代进行了扩建和修缮。其时尚存有26窟，今有7窟已然不存"[7]。又如"在大佛洞护楼第二层的西侧，立有明景泰元年（1450）铸造的铁钟一口，高1.45米、口径0.91米，表面刻有四大天王与八卦图案。中间的一方《镇守太监刘永诚造洪钟记》曰：奉/佛信官镇中甘肃/□太监刘永诚谨/发紫心铸造洪/钟一口重壹千/□斤于陕西邠州/大佛寺悬挂/上祈/皇国永固/帝道遐昌/佛日增辉/法轮常转/大明景泰元年三月/十四日/镇守太监刘永诚/铸造……大佛寺的铜钟正是刘永诚在镇守陕、甘之时发愿铸造的"⑧。

刘永诚的后事受到皇帝的重视。"至成化八年，太监刘永诚死，其侄宁晋伯刘聚，奏乞赠谥，并祠堂赐额。……上命赐永诚祠名襃功，仍未封谥事，命内阁议之。……于是事得寝。……然自正德八虎以后，内官子弟，亦无敢以封拜请者矣！"⑨

刘永诚被明代宦官视作与郑和齐名的楷模。《明史·杨廷和传》中记载："张永既去瑾而骄，捕得男子臂龙文者以为功，援故太监刘永诚例，觊封侯。廷和言：'永诚从子聚自以战功封伯耳，且非永诚身受之也'，乃止。"⑩此事在《明史·张永传》中记载得略详细："涿州男子王豸尝刺龙形及'人王'字于足，永以为妖人，擒之。兵部尚书何鉴乞加永封，下廷臣议。永欲身自封侯，引刘永诚、郑和故事风廷臣，内阁以非制格之。"⑪从中不仅可以看出后世宦官是将刘永诚奉为楷模的，而且可知其侄刘聚升官至左都督封宁晋伯爵位，皆非刘永诚之因。也可由此管窥刘永诚的为人及其家风。而与之相形见绌的是嘉靖年间宦官张永拟刘永诚的私心。天启年间的魏忠贤亦有此心。据明末宦官刘若愚所著《酌中志》记载："都城东有故监刘永成之墓，宁晋伯祖也。逆贤（即魏忠贤）曾便道一展拜而奏请新之，此时魏良卿（魏忠贤之侄）尚未封伯，盖私欲援例为良卿封伯计耳！"⑫

（二）刘永诚家族人物关系

根据墓志内容，并结合其他文献资料记载，可以梳理出刘永诚家族当时的人物关系。现将墓志中所涉及的人物关系概括为图二。

二、瓷器

（一）明宣德青花卷草纹鱼篓尊

此尊高13.5厘米、口径16.1厘米、底径14.6厘米，敞口，斜肩，垂腹，圈足。内口沿作点彩装饰。外壁的主要纹饰分为上、中、下三层。外壁的上下两层图案一致，皆为分段交错的青花网格图案与用对角线分为四区并分饰以一实心圆点的矩形。外壁的中层饰留白的卷草纹。外壁下部近圈足处饰莲瓣纹。外底满釉，有青花双圈"大明宣德年制"6字双行楷书款（图三）。

经查，各收藏单位共藏有此类鱼篓

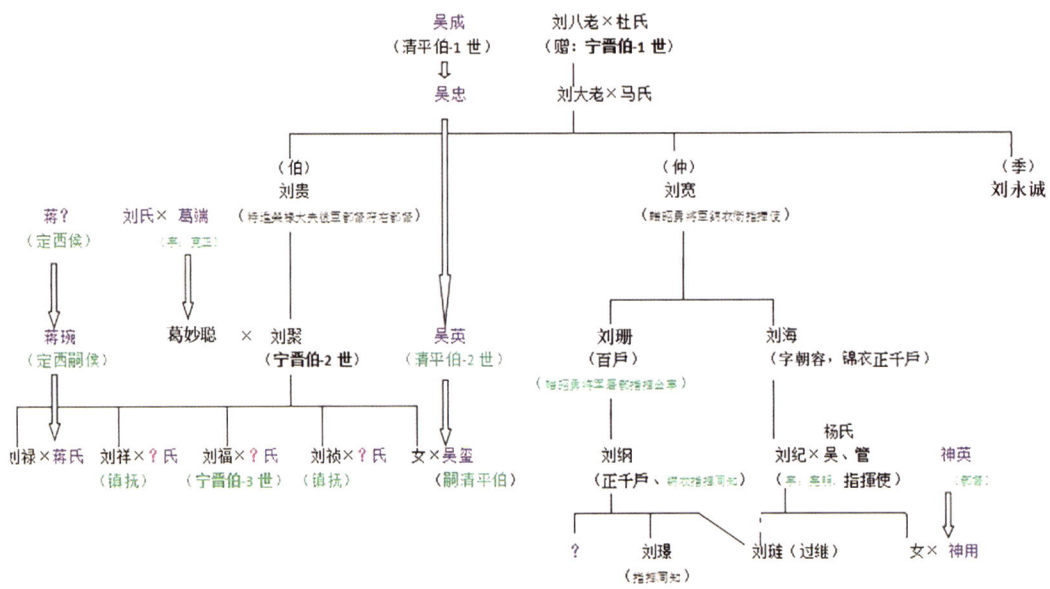

图二 刘永诚墓志所反映出的其家族人物关系示意图

图三 刘永诚墓出土的明宣德青花卷草网纹鱼篓尊及底部款识

尊器6件，其器形相似，但有的有盖。按来源方式既有传世品也有出土品，其纹饰既有网格纹也有缠枝花卉纹和龙纹，亦有红釉者。与首都博物馆所藏者纹饰相同的共有3件。一件是台北"故宫博物院"所藏的带盖者（图四），其器形、纹饰等均与首博所藏的这件出土品一致。因其器盖表面的纹饰与罐体纹饰的绘画风格和青花发色等方面一致，故可知其为一套无疑，增进了对这类器物完整器形方面的认识。另一件是北京故宫博物院所藏[13]，但其是经修复的残器且缺盖（图五），高13厘米、口径16.2厘米、足径13厘米。还有一件1993年出土于江西景德镇珠山御窑厂遗址的[14]（图六），其高13厘米、口径16厘米、腹径22.4厘米、足径14.2厘米。与首都博物馆所藏者纹饰不同的此类型青花瓷查得2件。一件是北京故宫博物院收藏的青花缠枝花卉纹钵[15]（图七），高13.5厘米、口径16.7厘米、足径14.9厘米。另一件是1993年出土于江西景德镇珠山御窑厂遗址的青花龙纹钵[16]（图八），高13厘米、口径16厘米、腹径22.1厘米、足径14.3厘米。此外该遗址还出土了1件红釉钵[17]（图九），通高18.2厘米、口径16.5厘米、腹径22.2厘米、足径14.5厘米。这些文物对于认识首都博物馆所藏鱼篓尊的器形、纹饰、釉料等都具有重要作用。

首都博物馆所藏此件鱼篓尊带有浓郁的阿拉伯特征，是一件典型的明永、宣时期仿伊斯兰风格的御窑瓷器。其器形是仿西亚铜器造型，具体而言可能是仿一种14世纪伊朗设拉子附近盛产的黄铜碗。该

图四 台北"故宫博物院"藏鱼篓尊（李兵摄）　　图五 北京故宫博物院藏鱼篓尊　　图六 江西景德镇珠山御窑厂遗址出土的鱼篓尊

图七 北京故宫博物院藏青花缠枝花卉纹钵　　图八 江西景德镇珠山御窑厂遗址出土的青花龙纹钵　　图九 江西景德镇珠山御窑厂遗址出土的残明宣德红釉鼓腹盖钵（邢鹏摄）

器形流行于永乐、宣德时期，也称盖罐或钵。其纹饰亦有伊斯兰风格。一方面是其装饰纹饰繁密，采用重复连续的方式将几何纹样组合，组成华美细密的网格纹装饰带。这应是模仿伊斯兰铜器上的阴线錾刻。另一方面，腹部的卷草纹具有简化和抽象的特点，符合伊斯兰教装饰特点。枝繁叶茂连绵不绝，象征着宇宙的永恒节奏和天地万物旺盛的生命力。最后，装饰带和口沿上的圆点，则可能是模仿伊斯兰风格器皿上的珠宝镶嵌（图一〇、图一一）。

此尊的青花色调淡雅清新，为国产高锰低铁青料绘制。款识的书法仿晋唐小楷笔法，笔画粗细适中，笔法遒劲有力。

（二）白瓷罐

一对，高14.6厘米、口径8.6厘米、底径8.8厘米。直口，短颈，丰肩，敛腹，平底。通体施白釉，施釉不甚均匀，底部露胎无釉。釉层较薄，发色暗沉（图一二）。

图一一 台北"故宫博物院"藏白玉镶嵌红玻璃盘[19]

三、金冥币

方孔圆钱样式，直径2.4厘米，重0.6克，双面均无字（图一三）。明代有殓葬时在死者的垫褥下面放置钱币"垫背"的习俗，民间常用真正的铜钱。

明代皇家的葬俗中是使用金质冥币垫尸的，如明定陵地宫出土用于随葬垫背的明万历金"吉祥如意"铭方孔圆钱（图一四），直径7.3厘米，重39.25克；明万历金"消灾延寿（一两）"铭方孔圆钱（图一五），直径5厘米，重35.5克；北京石景山雍王墓出土的"正德年制"铭方孔圆钱（图一六），直径6.2厘米，重43.3克；湖北省博物馆收藏有多枚明代梁庄王墓出土的垫尸体用金质方孔圆钱（图一七）；湖北蕲春县博物馆藏多枚横车镇西河驿荆恭王朱翊钜墓出土的金冥币（图一八）等也都证明了这一葬俗。宦官是皇室的家奴，其葬制与明代皇家的礼制文化背景是一致的，只是等级低而已。

四、青玉鸡心形带板（圆桃）

刘永诚墓出土青玉鸡心形带板（圆桃）2块（图一九），应是腰带上的装饰物。根据明定陵出土白玉革带的形制来看（图二〇），推测刘永诚墓出土的青玉鸡心形带板属于一副玉带中两组"三圆桃"中的一部分。

图一〇 北京故宫博物院藏清痕都斯坦碧玉嵌石瓶[18]

明御马监太监刘永诚墓出土文物及相关研究

图一四 明万历金"吉祥如意"铭方孔圆钱（《北京文物精粹大系·金银器卷》）

图一二 白瓷罐（一对）

图一三 金冥币

图一五 明万历金"消灾延寿（一两）"铭方孔圆钱正反面（《北京文物精粹大系·金银器卷》）

·77·

五、铜准

一对，（图二一）为扁平的细腰元宝形，长5.8厘米，分别重38.2克和36.5克。两面均刻有楷书汉字，一面为"天顺八年中秋吉日建"（天顺八年，1464），另一面用双钩形式刻楷书汉字"乹元亨利真"（"真"通"贞"）。

其铭文内容语出《易经》，原文为"乾，元亨利贞"。以往通常认为其代表了乾卦的四种基本特性（仁、礼、义、正），常被引申为四季、四德等。现在通常认为"贞"意为占卜，并将此句句读为"元亨，利贞"，意为"大吉，吉占"。

上海博物馆收藏有一件长6.9厘米、重185克的明嘉靖甲辰（1544）银作局铸五两银锭，面和背都相当平整[20]（图二二）。有研究者依据这一情况，认为刘永诚墓出土的这对细腰元宝形铜准是元宝形冥币。但笔者认为此墓已有金质冥币，故不应是冥币。又据其重量，认为基本符合明代"一两"的重量范围[21]，并结合其被命名为"准"的情况，推测其功能为"一两砝码"。

六、总结

通过上述对刘永诚墓出土文物的介绍和初步研究，我们不仅可以看到明代宣德时期官窑瓷器中少见的器形，而且可以通过对墓志内容的研读了解当时的人物关系，诸如贵族与宦官家族之间的联姻关系等。这些材料可以与正史中的记载相互联系、互相印证，有助于促进对明代历史的理解与研究。

附：墓志录文（按内容分段落并句读）

明故御馬監太監劉公墓誌銘

賜進士及第前翰林史館修撰、知制誥、經筵侍講、中順大夫、致仕知府、古燕岳正撰文。」承德郎、尚寶司丞、直內

图一六 首都博物馆藏明"正德年制"铭方孔圆钱

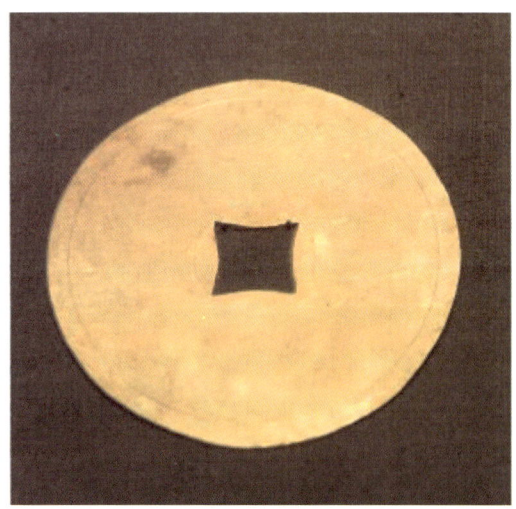

图一七 明代梁庄王墓出土金方孔圆钱（邢鹏摄）

图一八 荆恭王朱翊钜墓出土的金冥币（邢鹏摄）

图一九 青玉鸡心形带板2块

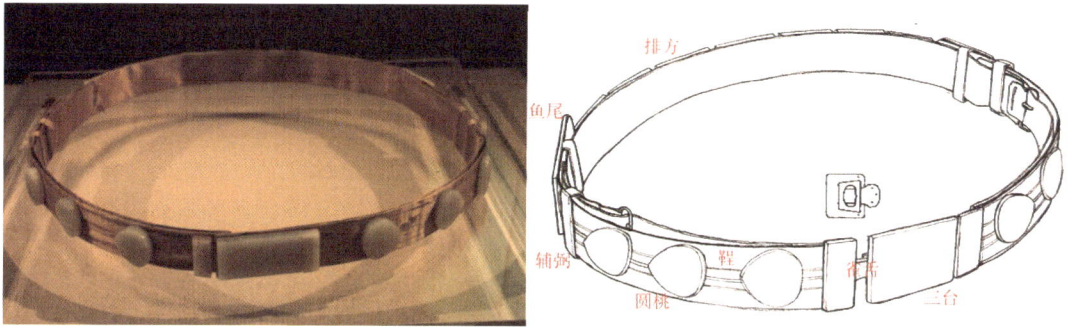

图二〇 明定陵出土白玉革带（修复后）照片及其各部位名称示意图（邢鹏摄）

图二一 明天顺八年款"乹元亨利真"元宝形铜准（一对，于力凡摄）

图二二 明嘉靖甲辰银作局五两银锭

阁、前中书舍人、廣平程洛書丹。」奉政大夫、光祿寺少卿、直文華殿、華亭周庠篆蓋。」

皇明御馬監太監、奉敕總督五軍神機三千十二營騰驤等四衛軍馬劉公永誠，自以年老任重」兩朝，七辭皆不賜許。成化丁亥八月，又具」列聖所賜兩京內外田宅、內侍祿米、僕從、工匠之類辭之。亦不即許，許解任，頤老私第而已。入

· 79 ·

谢。」上不忍，遂舍慰留，久之；比出，随颁物段、亲御宸翰称美，恳曲妙如大造体物。莫可形状。其药石之资，」则有白金䌽币、宝鏳百千；怡寿之具，则有组金、龙衣、琱玉、镂金云龙筇杖。

公今年壬辰寿八十」二，占疾日笃。自度不起，又具前辞未尽许者。以辞疏凡三上。」上感其诚，许辞其半。半听处业，成公志也。自是，医问交道，觊公复朝。乃二月十有七日甲申告逝。」上痌悼不已，命有司给葬具、工部造茔域、僧道作法事、大官给馔、礼官谕祭赙。及」两宫，金银布粟皆累千百。仍命太监白俊、韦霋等监护异数稠沓。」国朝以来，一人而已。

公，魏人，世家清丰留窑里。祖讳八老，考讳大老，俱赠特进荣禄大夫、后军都」督府右都督；祖妣杜，妣马，俱赠夫人。生于洪武辛未，越十二年入侍」大内。长而颀身昂准，□步仡仡。久职御厩，便习骑射。当是之时，」太宗皇帝用武靖难。内外之臣多勤战略，公尝共事。又三扈北征，偏历斗辟。其于兵事习见而闲。」宣德初元，汉邸造逆。公假使侦察。亲征功成，于公多助。大盗数叛，三帅师讨，直捣兀良哈而」走之，拙出仅以身免；获其清河元帅印章，俘馘生口类以万计。妖人李宣、张普祥党煽乱磁相，」公任捕执，即时靖肃。」先帝践祚，得公绥辑南京、中都。众心帖然，甘凉国门公出监镇。耀兵境外者二：东出镇蕃，抵捕鱼」儿海子；西出西窑，远至大山之阴。再拒寇虏擊咩克来，追北至亦集，乃克之于三城儿。瓦剌入」酒泉，麼于临水堡，擒其酋哈三帖木儿等；克剌苦出悝逋，出塞蹕至金塔寺乃还。先是，瓜、沙首」领赤斤呐哥失剌哈真锁南奔，各萌叛志。公轻兵肆讨，先后挛之，虏其全部匹畜不遗。景泰辛」未，召还。总督京师军马，计今廿年。南城之谋，公乃按甲，独以满盈求退。子姓受教，辞去职任，不干」戎政；家口累千，遣三之二，杜谢造请，泊

如素门。」先帝嘉念，宠以肺腑，至任将相，谋或及焉。

公二兄：伯贵，赠特进荣禄大夫、后军都督府右都督；仲宽，」赠昭勇将军锦衣卫指挥使；俱蚤世。贵子聚，即推恩赠公祖父母者，累勋进爵窑晋伯。子四」：禄、祥、福、祯。各幼，未任。女，嫁吴氏，为嗣清平伯垩夫人。宽二子：长珊，百户，故；子纲，嗣致正千户；次」海，正千户，故；子纪嗣致指挥使；俱籍锦衣卫。他如支属、麾下、僮围、僧道，鼎贵都位者，不能枚举。」

经事」五朝，七十余年。动辄如意，家极贵富。呜呼！固公福履天幸，亦人品警敏在伸能屈者欤？窑晋少孤，公」所抚立，报服以父，加又宗嫡，实主公丧礼也。

葬以今年三月廿有五日，通州安德乡北五里原，」公预卜墓田也。前进士、陕西按察佥事、唐封李君用宾，状公生平。窑晋奉以问铭，辞不可得。为」之铭曰：」

兵国制命，易戒勿用。矫矫刘公，督监厥容。三锡是宠，保有令终。我最铭之，」诏告世忠。吁嗟来世，式瞻方中。」

历阳王用镛。」

附记：本文写作过程中得到了柳彤、胡昱、闫娟三位女士和马英豪、于力丹两位先生的大力帮助，特此感谢。

---

① 关于墓穴所在位置：首都博物馆的藏品卡片记载为"北京市朝阳区东营村大山子马家坡"。《北京文博》1996年第3期所刊《市文物局资料信息中心藏北京地区出土墓志拓片目录（三）》之"刘永诚墓志铭并盖"条中记载为："1965年4月22日于朝阳区东营村大山子马家坟出土"。

②《北京文博》1996年第3期。

③ 北京市文物研究所：《北京市文物研究所藏

墓志拓片》，北京燕山出版社，2003年，第99页。

④《明史》卷三百四《宦官列传》，中华书局，1974年，第7776页。

⑤（明）沈德符：《万历野获编·补遗》卷四，中华书局，1959年，第922页。

⑥（明）沈德符：《万历野获编》卷六，中华书局，1959年，第160页。

⑦ 孔德众：《天梯山石窟明代壁画》，《丝绸之路》2003年第S2期。

⑧ 常青：《彬县大佛寺石窟所见正史人物铭记》，《文博》1997年第6期。

⑨（明）沈德符：《万历野获编》卷六，中华书局，1959年，第157页。

⑩《明史》卷一百九十《杨廷和传》，中华书局，1974年，第5032页。

⑪《明史》卷三百四《宦官列传》，中华书局，1974年，第7793页。

⑫（明）刘若愚：《酌中志》卷十四《客魏始末纪略》，北京古籍出版社，1994年，第74页。

⑬ 故宫博物院、景德镇市陶瓷考古研究所：《明代宣德御窑瓷器——景德镇御窑遗址出土与故宫博物院藏传世瓷器对比》，故宫出版社，2015年，第112—113页。

⑭ 故宫博物院、景德镇市陶瓷考古研究所：《明代宣德御窑瓷器——景德镇御窑遗址出土与故宫博物院藏传世瓷器对比》，故宫出版社，2015年，第114—115页。

⑮ 故宫博物院、景德镇市陶瓷考古研究所：《明代宣德御窑瓷器——景德镇御窑遗址出土与故宫博物院藏传世瓷器对比》，故宫出版社，2015年，第116—117页。

⑯ 故宫博物院、景德镇市陶瓷考古研究所：《明代宣德御窑瓷器——景德镇御窑遗址出土与故宫博物院藏传世瓷器对比》，故宫出版社，2015年，第118—119页。

⑰ 故宫博物院、景德镇市陶瓷考古研究所：《明代宣德御窑瓷器——景德镇御窑遗址出土与故宫博物院藏传世瓷器对比》，故宫出版社，2015年，第120—121页。

⑱ 图片引自故宫博物院网站http://www.dpm.org.cn/collection/jade/232385.html。

⑲ 图片引自http://www.360doc.com/content/16/0310/12/4958641_541012206.shtml。

⑳ 周祥：《银锭——财富之舟》，上海书店出版社，2003年，第26、28页。

㉑ 邢鹏：《明代衡度单位初探——"一两"有多重》，《首都博物馆论丛》（总第27期），北京燕山出版社，2013年，第318—325页。

(作者单位：首都博物馆)

北京市长城考古工作的回顾与展望

尚 珩

党的十九大报告中，明确提出要加强文物保护利用和文化遗产保护传承。随着国际文化遗产保护区域化趋势的加强，北京文化遗产保护工作迈入了新时代，由传统单体文物保护到全域内文物的整体保护，综合考虑历史文化景观与自然生态环境的结合，并且涉及到推动京津冀协同发展。2015年北京市文物局提出了实施北部长城文化带、东部运河文化带、西部西山文化带的保护利用规划，并写入2016年初的《北京市"十三五"规划纲要》，提出推进区域文化遗产连片、成线保护利用。2017年9月，《北京城市总体规划（2016年—2035年）》正式发布，将大运河文化带、长城文化带和西山永定河文化带作为北京历史文化名城保护体系的重要内容。"三个文化带"高度凝练地概括了北京旧城以外的文化遗产，与旧城遥相呼应、相得益彰，对于建设全国文化中心和推进满足人民对美好生活的向往起到了关键的支撑作用。

长城是我国重要的地理和文化标识，是中华民族的精神象征。北京区域内的长城始建于北齐，大规模修建于明代，呈半环状分布在北京北部山区，从东到西横跨平谷、密云、怀柔、延庆、昌平、门头沟六个区，全长573公里。如何保护、利用好祖先给我们留下的珍贵文化遗产，是我们面临的机遇和挑战。以史为鉴可以知得失，回顾总结过去长城考古工作的经验教训，展望今后的保护利用之路则凸显出其重要意义。

一、长城考古工作的回顾

开展长城保护现状的调查研究，是切实做好长城保护管理的基础工作。自1949年至今，在三次全国文物普查中，北京曾开展多次长城调查。1958—1959年、1981—1984年、1997—1999年在全市范围开展的三次文物普查中，各区县的文物部门都把对长城的调查作为一项重要内容开展了大量的工作。

除传统文物普查方法外，1984年4月至1985年3月，国务院地质矿产部、城乡建设环境保护部和北京市人民政府联合对北京地区长城采用航空遥感技术进行了一次现状调查，包括"查明北京境内长城的分布，了解长城的损坏程度，计算长城长度及城台数等"[①]。目的是为长城的保护、维修、管理以及科学研究提供现状资料和科学数据。本次调查首次采用先进科学设备测量出北京地区的长城全长629公里，全线共有城台827座，关口71座[②]。

2000年以后，北京大学的唐晓峰、岳升阳等先生在编绘《北京历史地图集》的过程中，对北京北部山区的明前长城遗址，如昌平北西岭、门头沟大村、东灵山、延庆石峡、海子口、九眼楼、怀柔沙峪北沟、密云古北口、司马台、平谷桃棚村等地的古长城遗址进行了详尽的踏查。结合历史文献综合判断这些长城遗迹当为北齐长城遗址[③]。

2005年，国家文物局颁布实施了《长城保护工程（2005—2014年）总体工作方案》。2006年春，为摸清长城家底，国家文物局联合国家测绘局,统一组织开展了全国长城资源调查与认定工作。这是中国历史上首次全国范围内的长城专项田野考古调查。为了解和掌握历代长城的分布、走向、结构和保存现状等提供了详实的资料。北京市于2006年4月在全国率先开始长城资源调查工作。由于各区县进度不一,至2008年底,完成田野调查和室内资料整理工作。

上述长城考古工作,均仅限于田野考古调查。将北京地区长城作为考古勘探、发掘对象的工作开展较晚,截止到2017年,共进行考古工作5次,其中考古勘探1项,考古发掘4项。

(一)明前长城

北京地区的明前长城主要为北齐长城,即北齐文宣帝于天保六年(555)"诏发夫一百八十万人筑长城,自幽州北夏口,西至恒州,九百余里"的长城[4]。以及天保七年(556)修建的"自西河总秦戍筑长城东至海,前后所筑,东西凡三千余里,六十里一戍,其要害置州镇,凡二十五所"[5]的长城。目前针对明前长城遗址所做的考古工作只有一次。

2011年,北京市文物研究所对昌平马刨泉长城遗址进行发掘,发掘面积640平方米,发现明以前的房址[6]。具体材料尚未公开。

(二)明长城

明朝自立国之始,一直重视北方边防。明长城作为当时拱卫京师的屏障,肇建于洪武、永乐,历经嘉靖、隆庆与万历年间的不断修缮,在北京境内的外长城和内长城达到千里,形成了完整的宣府、蓟、昌、真保四镇长城防御体系。由于明长城北京段建筑规模宏大,体系完备,分布广泛,保存较好,因此所做的考古工作也较多。

1. 延庆区岔道城遗址

岔道城位于延庆区八达岭镇岔道村。2002年2月,为搞清岔道城城墙及城内遗址的分布情况,为古城的修缮保护提供基础资料,北京市文物研究所对岔道城进行考古勘探。

岔道城平面呈不规则形,南、北城墙依河道和地势的自然形势修建。东西长约510米,南北不足200米,东西各设一座城门,城内为东西向主干道路布局,连接东、西城门。城址的建造分为早、晚两期,早期城墙内部为黄土夯筑,外部用毛石块包砌;晚期城墙即在早期城墙的基础上,用条石砌基础上部甃砖。

东、西城门建筑形制相同,城门均为拱券式,面宽12米,进深14米,城门宽3.5米,下部基础为条石砌筑,拱顶为五伏五券的青砖砌筑。城门门道路面均为自然石块铺成。西城门位置偏北,保存相对完整,后拱部已塌毁。西城门外修建有瓮城,平面大致呈矩形,东西长37米,南北宽106米,城墙为黄土夯筑,损毁殆尽,部分城墙残留高度约2米,经过勘探发现该城墙基础在地表下0.2米处,宽约5米。瓮城开西门,位于西城墙中部,在地表下0.2米发现瓮城城门的砖筑基础和用自然石块铺成的路面。东城门位置偏南,已全部塌毁,仅留两侧部分条石基础和砖砌墙体。东门外6米的河道上修建有双孔石板桥一座。桥长4.5米,宽6米,桥面采用2.2米×0.62米×0.32米长方形石板平铺,石板之间镶嵌燕尾石槽。桥中柱采用厚0.27~0.33米、宽0.95米条石砌成,柱石的北端呈锐角,以减缓水的冲击,石桥两边设有雁翅形桥端。

四周城墙中的南、西及东城门以南的东城墙保存基本完整。城墙底宽8米,顶宽5米,高7.5米。北城墙及东城门以北的东城墙,除有少部残存外,大部分坍塌。其中北城墙的修建为随山就势,或建在山坡之上,或择址冲沟边缘,大部分城墙损毁严重,有些段落因近代生产破坏,地面的城墙遗迹无存。依据勘探结果得知,北城墙基础宽8米,夯土层厚0.2米。

城墙四角均设有角台,除东南角台尺寸较小外,其余大致相同。南、北城墙各设有两座马面，其中北墙东马面保存较好，现存体量较大。

岔道城内外还发现有多处公共建筑遗址，如三官庙、影壁、城隍庙、关帝庙、清真寺、古井、公馆、戏楼、玉皇阁及钟楼基础、公署[7]。

2. 延庆区火焰山营盘遗址[8]

火焰山营盘遗址位于延庆区四海镇石窑村东南3公里的火焰山上。营盘东、西分别与长城相连，北望黑坨山，东接九眼楼，南北为陡坡，西为断崖，面积约4400平方米。

2006年3月至5月，北京市文物研究所和延庆县文化委员会对火焰山营盘遗址进行考古发掘，发掘面积1600余平方米。营盘遗址主要包括城墙、城门、房屋基址、北敌楼和庙台五部分。

城门由三部分组成，分别是城门前的台阶和平台、城门洞、城门内甬道。

城门前平台近方形，长3.3米，宽3米，残高1.5米，周边用加工过的石条和石块平铺而成，中间填充碎石块和黄土，台面用石块平铺而成，平台西侧设有登城步道，台阶式，尚存台阶3级。平台台面低于门洞地面，故设有2级台阶与门洞基石相连，门洞基石同门洞地面一致，由平台登3级台阶步入城门。

城门门洞前后端之间界线明显，门洞前端用加工过的大石条做基础，且高出门洞地面两层，由此可见，门洞的前端是为了加固后端所建，由此推断该城门有时间早晚之差别，故分为早、晚两期。

早期城门由城门和城门内甬道两部分组成。城门略窄于城门甬道，整体平面呈"凸"字形。城门位于甬道的前端，平面呈长方形，长1.4米，宽1.55米，基础为条石垒砌，其上用青砖错缝平砌，白灰勾缝，顶部为三伏三券式的拱券顶。券顶至地面高2.2米。

甬道位于城门的东端，平面呈长方形，长4.5米，宽2.05米。其修筑方法与城门相同。顶部已坍塌，残高1.8米。从残存迹象可看出该甬道顶应高于城门券顶。

晚期城门的建筑方式与早期城门相同，拱券顶部已坍塌，残存1.25～2米，进深1.55米，宽度与早期城门宽度相同。从坍塌端面看出该期城门与早期城门互不衔接，由此可推断它的作用是为加固早期城门而修筑。

城墙平面呈不规则五边形，周长约263.6米，其中东城墙长约22.4米，南城墙长约88米，西南城墙长约45米，西城墙长约64.8米，北城墙长约43.4米。城墙皆为石块干垒修筑，部分段落以石条为基础。城墙均有不同程度的坍塌，城墙上窄下宽，断面呈梯形，残存高度1.5～6.5米，顶宽1～2.5米，基宽3～6米。

城墙之上仅北城墙外设有敌楼，位于北城墙外侧，其西北部塌毁，顶部东边残长9.7米，南边长9.55米，西边残长2.75米，残高6.3米，其四周为条石错缝砌筑；顶部残存有墙基和火炕遗迹，出土遗物有铁弹丸。

三处城角均发现有条石基础，分别是东城墙与南城墙相接处、南城墙与西南城墙相接处、西南城墙与西城墙相接处。据当地长者回忆，此三处均曾建有角楼。

城墙内侧共发现登城步道三处，均为台阶式，采用石块干垒而成。第一处步道位于城门内北侧，残存8级台阶，由此可登西城墙；第二处步道位于南城墙北侧，尚存12级台阶，由此可登南城墙；第三处步道位于南城墙南侧，尚存37级台阶，均为石条垒成，由此可登上西南城墙和庙台。

城内正对城门有一条道路将城内分为南北两部分。除庙台发现房屋基址2座外，城内北部发现房屋基址12座，编号为F1～F12，南部发现房屋2座，编号为F13、F14。

城内建筑物均依山势而建，建筑物之间高差达到27米。大部分建筑在北半部。主体建筑F1位于南北中轴线上，该建筑群有正房和厢房共计7座13间。F1为正房，坐北朝南，是中轴线上的主体建筑，F2~F7为附属建筑，即东西厢房，F2、F6、F7为东厢房，F3、F4、F5为西厢房。另外设有东、西跨院，西跨院清理房址3座（F10、F11、F12），共计7间。F10为西房，F11、F12为正房，坐北朝南。东跨院清理房址2座（F8、F9），共计4间，F8为正房，坐北朝南，F9为厢房。从布局上推断，F1应为该营盘主将所居住，厢房及其他房屋可能是其他各级士兵、军官居住，可见营盘内房屋的布局是在一定的规划上建设的。

营盘遗址出土文物以武器、生活用品、建筑构件为主，数量较多。武器可分为铁质兵器和石质兵器，主要有铁手雷、铁蒺藜、铁弹丸、三眼火铳、石弹丸。生活用品以瓷器为主，均为青花瓷，有一定数量的有款的瓷片，可辨器形均为碗。此外还有石杵、石砚等。

建筑构件除各种规格的砖外，出土数量较多的是板瓦、筒瓦、瓦当及脊饰等。此外在城门外出土门额一方，现已残为五块，拼接后长87厘米、宽50厘米、厚21厘米。门额正中阳刻楷书"威严"二字，笔法遒劲刚健、大气磅礴。其两侧阴刻楷书两竖行，右侧前款为"钦差怀隆兵备按察使胡立"，左侧落款为"万历岁次戊午□秋吉旦"。四周饰以阳刻牡丹缠枝纹。万历戊午年为万历四十六年，即公元1618年。

3. 平谷区花峪长城遗址[9]

花峪长城位于熊儿寨乡花峪村东约600米的山崖上，原花峪古河道自东向西蜿蜒曲折而过。河道南侧的长城为山险，河道内长城损毁无存，河道北山崖上残存有长城墙体。

2006年3月，为配合花峪水库续建工程建设，对水库边的长城遗址进行考古发掘，本次发掘探沟一条。经过发掘得知，长城遗存走向为南北向，方向174°。墙体依山而建。残存城墙平面呈长方形，由墙身和墙基组成。城墙断面呈下大上小的梯形，城墙顶部内设施无存。墙体残长32.5米，高1.2~3.5米。

墙基位于墙身下部，顺山势铺垫一层厚约0.352~0.7米的混合土，未经夯实。在此之上铺砌一层厚约0.122~0.15米的加工粗糙的石板、石条，构筑成基础部分，而且北高南低呈斜坡状。基础宽4.6米，厚0.52~0.8米。

墙身位于基础之上，保存一般，上窄下宽呈梯形，残长31.08米，上宽3.84米，下端以墙基边缘为准，东西两边各向内收0.182~0.2米，宽4.2米。墙身均由加工粗糙的条石与不规则石块砌筑，内填碎石块和灰土，而且墙身石缝之间用白色泥浆勾筑灌缝。墙体之上的设施无存，仅残存一部分台阶。

经过发掘得知，该长城为明代修建的一处隘口。

4. 密云区北化石岭长城水关遗址[10]

北化石岭长城水关遗址位于密云区冯家峪镇北化石岭村东南山谷中。2013年4月至5月，北京市文物研究所对水关遗址进行考古发掘，发掘时依南侧现存墙体共布5×5米探方8个，分别编号为T0101、T0102、T0201、T0202、T0301、T0302、T0401、T0402。发掘面积200平方米。

该遗址在20世纪五六十年代的"农业学大寨"期间被严重破坏，墙体上的石块被拆卸下来修葺梯田，现仅靠现存墙体一侧清理出部分基石，其余区域均已破坏殆尽。

经考古发掘清理发现，T0101探方的南端，地层发现少许的墙基石，基石面比城墙宽约0.1米，现存长城城墙位于其上部，该基石破坏较为严重，探方内仅发现宽0.15米。T0102探方内的中南部发现少许的墙基石，残存基石形状呈条状，南北分布，南北残长1.5米，东西残宽0.45米。基石宽于现存墙体约0.7米。墙体位于基石之上。

化石岭，明代时称之为"划车岭"。

民国《密云县志》记载："划车岭，县西北一百里，横山分支入边为划车岭、杏树沟、瑶谷、白岭、滴水岩、石灰岭六山，而划车岭为最大，东西亘十里，白马关右倚之。"划车岭南北两侧共有两座通关外的山口，分别为划车岭北口（即今北化石岭）和划车岭南口（即今南化石岭）。民国《密云县志》记载："划车岭北口，县北一百里，在白马关西。划车岭南口，县北一百里，在划车岭北口西南。"由于划车岭是白马关附近最大的山口，因此早在明朝初年就在此修建防御设施。洪武十五年（1382）九月丁卯，北平都司言："边卫之设，所以限隔内外，宜谨烽火，远斥堠，控守要害，然后可以詟服胡虏，抚辑边氓，按所辖关隘曰：……曰白马甸、曰划车岭、曰冯家峪……凡二百处，宜以各卫校卒戍守其地。"诏从之[11]。据《三镇边务总要》记载，划车岭正关平漫，通单骑。由此，早在永乐年间就在此修建关口。同时在划车岭附近山坡上修建砦子，是为划车岭寨，以加强关口的防御能力。据《四镇三关志》记载"划车岭寨，永乐年建，正关平漫，通单骑，冲"。到了明朝隆庆、万历年间，对蓟镇长城全面维修，"帮筑"原先的墙体，使之更加高厚宽大，同时在墙体上修建空心敌台，加强墙体的防御能力，最终形成我们今天所看到的这一段长城。

二、长城考古工作的展望

2017年，随着《北京市长城保护规划（2016年—2035年）》的完成，标志着北京市长城保护工作翻开了崭新的一页[12]。长城的保护利用工作也将开创新的局面。在具体实践中，又可分为以下三个方面：

首先，在长城本体保护方面，现存长城经历了数百年甚至上千年的自然和人为破坏，特别是近代的战争和生产建设中的人为破坏，原本高大雄伟的墙体破坏殆尽，部分段落甚至成为遗址。因此考古工作在长城保护方面的作用日益突出，特别是在制定保护规划、保护工程前期勘查和制定长城保护修缮方案阶段。考古发掘能够提供长城遗址的四至、平面布局、建筑结构、构筑方式等关键信息，科学、全面地整体揭露遗址，为方案的科学性、严谨性提供了坚实的基础理论支撑。

2014年国家文物局颁布的《长城保护维修工作指导意见》中明确提出"为探明长城本体的隐蔽部位或地下埋藏部分的结构和分布范围，可考虑结合实际需要开展考古调查勘探工作"便是其体现。2015年国家文物局批复的《关于明长城延庆县岔道村北部分墙体段落及烽火台抢险加固工程立项的批复》（文物保函〔2015〕721号）[13]更是其具体实践，也更加明确了上述理念。

其次，在长城保护建设控制地带方面。北京地区的长城均分布在远郊区县的山区，根据2014年颁布实施的《北京市地下文物保护管理办法》，"旧城之外建设项目总用地面积二万平方米以上"的建设工程，应当进行考古调查、勘探。长城周边的基本建设亦适用。《国家文物局关于北京市怀柔区雁栖镇神堂峪村旅游接待设施建设项目涉及神堂峪明长城及城堡相关设计方案的意见》（文物保函〔2018〕409号）[14]中明确要求"应组织专业考古机构对建设区域进行先期考古调查、勘探和必要的考古发掘"。此外，《国家文物局关于永东110千伏输变电工程涉及长城建设控制地带相关方案的意见》（文物保函〔2018〕901号）[15]亦要求"应在拟建变电站、铁塔施工前，组织专业考古机构对相关区域做进一步考古调查勘探和必要的考古发掘，明确拟建变电站、铁塔区域地下遗存分布情况"，便是对相关法律法规的贯彻落实。

最后，近年来还出现了配合长城风景区旅游规划而开展的地下文物调查工作这一新趋向，如北京市为配合慕田峪长城风景名胜区总体规划开展了地下文物调查工作[16]。这为今后长城风景区的建设流程开辟了先河，提供了成功经验和案例。

综上所述，在文化遗产保护利用的时代大背景下，长城考古工作的重要性日益突出，并成为制定长城保护方案科学与否的关键性要素之一，关乎到长城保护工程的成败。长城保护与考古工作并重，且考古优先——"未动土，先考古"原则必将成为今后长城保护的大势所趋。

本文为北京市社会科学基金青年项目《明代蓟镇长城防御体系考古学研究》（项目编号：17LSC009）的阶段成果。

---

[1] 曾朝铭：《北京地区长城遥感调查》，《文物》1987年第7期。

[2] 北京市地方志编纂委员会：《北京志·世界文化遗产卷·长城志》，北京出版社，2008年，第288—290页。

[3] 唐晓峰、陈品祥编：《北京北部山区古长城遗址地理踏查报告》，学苑出版社，2009年，第1页。

[4][5]《北史·齐本纪中》，中华书局，2003年，第252—253页。

[6] 北京市文物研究所：《北京市文物研究所2011年工作总结》，内部资料。

[7] 盛会莲：《北京考古志·延庆卷》，上海古籍出版社，2012年，第43—46页；宋大川：《北京考古工作报告2000—2009》（延庆卷），上海古籍出版社，2011年，第6—11页。

[8] 北京市文物研究所、延庆县文化委员会：《延庆县火焰山营盘遗址发掘简报》，《北京文博》2007年第3期；李永强：《北京考古史·明代卷》，上海古籍出版社，2012年，第87—90页；盛会莲：《北京考古志·延庆卷》，上海古籍出版社，2012年，第46—53页。

[9] 张利芳：《北京考古志·平谷卷》，上海古籍出版社，2013年，第46—53页；宋大川：《北京考古工作报告2000—2009》（平谷、通州、顺义卷），上海古籍出版社，2011年，第19—23页。

[10] 北京市文物研究所：《北京市文物研究所2013年工作总结》，内部资料。

[11]《明太祖实录》卷一百四十八。

[12] 汤羽扬、刘昭祎：《北京长城保护规划编制的思考》，《中国文化遗产》2018年第3期。

[13][14][15] 国家文物局官方网站http://www.sach.gov.cn/。

[16] 北京市文物研究所：《关于慕田峪长城风景名胜区总体规划地下文物调查的报告》，2013年，内部资料。

（作者单位：北京市文物研究所）

北京市丰台区槐房汉墓M18发掘简报

北京市文物研究所

2016年4月11日至5月5日，北京市文物研究所对丰台区槐房村NY-019地块进行基本建设考古勘探。该地块位于北京市丰台区南苑乡槐房村，北距南四环约2公里，西邻槐房西路，东邻南苑西路，南邻临时道路（图一），地理坐标为东经116°21′46.87″，北纬39°48′33.15″。勘探发现古代墓葬28座、窑址2座。2016年5月8日至6月15日、8月30日至9月1日，北京市文物研究所考古人员对该遗址区进行了考古发掘。其中，位于发掘区中部偏西的18号墓（M18）墓葬规模较大，结构复杂，形制特殊，随葬品也较为丰富，现简报如下。

一、墓葬形制

槐房M18为双斜坡墓道竖穴土圹多室砖墓，坐北朝南，方向185°。地表无封土标记。营造方式为先挖出土圹，在土圹内用砖砌筑墓室，墓圹四壁较规整，内填黄褐色花土。墓口开口于现地表①层下，距地表深0.4米。

该墓规模较大，结构复杂。虽早年

图一 丰台区槐房NY-019地块位置示意图

1.陶灯 2.陶奁 3.陶樽 4.陶鸡 5.陶鸡 6.陶狗 7.陶猪 8.陶磨 9.陶耳杯 10.陶耳杯 11.陶耳杯 12.陶勺 13.陶案 14.陶仓 15.陶碗 16.陶灶 17.陶磨 18.陶井 19.陶盘 20.陶仓 21.陶魁 22.石砚 23.铜铁 24.陶俑 25.陶器盖 26.陶汲水小罐 27.陶罐 28.陶罐 29.陶盆 30.陶盆 31.陶盆 32.陶扁壶 33.陶灯 34.陶囷 35.石研子

图二 槐M18平、剖面图

被盗，墓顶被毁，但墓葬形制保存仍较完整。双墓道呈南北向东西并列，两墓道的北端各有一平面略呈"凸"字形的竖穴土圹，土圹间以过道相连通，东西并排对称布置，东西两个土圹内都分别砌筑前室、后室和侧室（图二，照片一）。墓葬由东西墓道、东西甬道、东西前室、东西后室、东西侧室、过道几个部分组成。总长度为14.3米，宽度为14.36米，墓口距墓底深2米。

东墓道：位于东前室南端，平面呈长方形，底部斜坡状，壁面稍直，开口长4.7米、宽0.8米、底距开口深0～1.9米，坡度20°，底长5米。

西墓道：位于西前室南端，平面呈长方形，底部先台阶后斜坡状，壁面稍内收。墓道开口长4.9米、宽0.8米、底距开口深0.4～2米，共设4级台阶，皆位于墓

照片一 槐M18

道内南段，第一级至第四级台阶宽皆0.8米，高度分别为0.5米、0.6米、0.3米和0.2米，墓道北段底较平。

东墓门：位于东墓道北端、甬道前，已被破坏无存，结构不详。

西墓门：位于西墓道北端、甬道前，已被破坏无存，结构不详。

东甬道：位于东墓道与东前室之间，平面呈长方形，宽1.2米、进深2.7米，仅存东、西墙体底部1~2层砖，残高0.06~0.15米，铺地砖已无存。东甬道土圹长2.3米、宽1.4米、底距开口深1.9~2米。

西甬道：位于西墓道与西前室之间，平面呈长方形，宽1.4、进深2.5米，壁面稍直，顶部已无存，东、西两侧墙体仅存底部1~4层砖，残高0.06~0.32米，为长条砖一丁两顺交替平砌而成，铺地砖为1层，仅存南部数块，与西前室相连，为长条砖错缝平铺。西甬道土圹长2.5米、宽1.5米、底距开口深2米。

东前室：位于墓葬中部东侧，平面呈

照片二 槐房M18东前室

长方形，四壁墙体保存较差，东、西壁最高处各残存10层砖，残高皆0.85米；北壁残存12层，残高0.96米；南壁残存3层，残高0.25米。四壁墙体为长条砖一丁两顺交替平砌。铺地砖为长条砖错缝平铺。东前室土圹长3.48米、宽3.3米、残深2米，东前室长2.68米、宽2.6米、残高0~0.96米。室内中部出土陶灯、陶樽、陶鸡、陶狗、陶猪、陶磨、陶耳杯、陶勺、陶案、铜钱等（照片二）。

西前室：位于墓葬中部西侧，平面呈长方形，四壁墙体保存较差，西壁残存9~11层，残高0.9~1米，东壁残存9层，残高0.75米，北壁残存11层，残高0.94米，南壁残存12~13层，残高1~1.25米，四壁墙体为长条砖一丁两顺交替平砌。铺地砖为1层，仅存东北部，为长条砖错缝平铺。西前室土圹长3.3米、宽3.1米、残深2米。室内东南部出土陶仓、陶斗，东北部出土陶盆、陶灶、陶磨、陶井、陶盘等。

过道：东、西墓圹间以过道相连，沟通东西前室，过道两端连接处各有封门一道，为长条砖错缝平砌，西侧残高0.3~0.35米，东侧残存3层，残高0.15米。过道平面呈长方形，砖券洞室，进深1.6米、宽0.9米，已被破坏，顶塌毁。南北两侧墙体保存较差，南墙残存16层，残高1.25米，北墙残存14层，残高1.1米，均从第12层开始起券，墙体为长条砖一丁两顺交替平砌。过道铺地砖已无存。

东后室：位于墓葬北部东侧，有过道与东前室相连，连接处有封门墙一道，为长条砖错缝平砌，残存3层，残高0.15米。过道平面呈长方形，砖券洞室，进深0.96、宽1米，墙体保存较差，西墙残高0.6~0.9米，东墙残高0.5~0.85米，为长条砖一丁两顺交替平砌。东后室土圹长3.3米、宽1.96~2.02米、深2米。东后室平面呈长方形，长2.8米、宽1.7~1.9米、残高0.4~1.1米，为长条砖一丁两顺交替平砌。铺地砖已无存。

西后室：位于墓葬北部西侧，有过道与西前室相连，连接处有一道封门墙，为长条砖错缝平砌，残存3层，残高0.15米，过道平面呈长方形，砖券洞室，宽1米、进深1.1米，东、西两侧墙体保存较差，西墙残高0.4米，东墙残高0.9米，为长条砖一丁两顺交替平砌。过道铺地砖已无存。西后室土圹长3.26米、宽1.8~1.86米、残深2米。西后室平面呈长方形，长3.1米、宽1.4~1.8米、残高0.64~1.16米，四壁墙体残高0.64~1.16米，东墙向墓室内坍塌，为长条砖一丁两顺交替平砌，铺地砖已无存。出土有铜钱。

东侧室：位于墓葬东前室东侧，有过道与东前室相连，连接处有一道封门墙，为长条砖错缝平砌，残存2层平砖，残高0.1米。过道平面呈长方形，砖券洞室，宽1.2米、进深0.9米，墙体残高0.9米，为长条砖一丁两顺交替平砌，铺地砖为1层，用长条砖错缝平铺。东侧室土圹长2.96米、宽1.94米、残深2米。东侧室平面呈长方形，长2.9米、宽1.9米、墙体残高0.64~0.84米，为长条砖一丁两顺交替平砌。

西侧室：位于墓葬西前室西侧，有过道与西前室相通，连接处有一道封门墙，为长条砖错缝平砌，残存6层平砖，残高0.3米，过道平面呈长方形，砖券洞室，宽1.28米、进深1米，南、北两侧墙体保存较差，南墙残高1.1米，北墙残高1.25米，为长条砖一丁两顺砌筑，过道铺地砖为1层，用长条砖错缝平铺。西侧室土圹长3.4米、宽1.8~1.92米、残深2米，西侧室平面呈长方形，长3.2米、宽1.7米。四壁墙体残高0.9~1.16米，为长条砖一丁两顺砌筑，铺地砖为1层，由长条砖错缝平铺。西侧室内出土有铜钱。

四壁墙砖和铺地砖均采用长条砖，形制大小一致，制法为模制，砖呈青灰色，正面饰斜行绳纹，背面和侧面素面，长条砖规格为长0.3米、宽0.15米、厚0.06米。

因盗扰破坏严重，墓室内均无葬具发现，东西前室、东侧室东北部，西侧室中部、东后室中部都发现有零星人骨，并有火烧痕迹。葬式、性别均不详。

二、出土器物

该墓墓室结构复杂，随葬品较丰富，多为陶器，器物放置主要集中在两个前室。共出土陶罐2件、陶樽1件、陶奁1件、陶仓2件、陶灶1件、陶井1件、陶盆3件、陶碗1件、陶魁1件、陶器盖1件、陶扁壶1件、陶磨2件、陶案1件、陶盘1件、陶耳杯3件、陶勺1件、陶灯2件、陶汲水小罐1件、陶圈1件、陶俑1件、陶狗1件、陶猪1件、陶鸡2件、石研2件、石砚子1件。

陶罐 2件，标本槐M18：27，泥质灰陶，轮制。残存口沿及腹部，敛口，尖唇，短束颈，圆肩，鼓腹。颈部一周凹弦纹，肩、腹饰带状短竖绳纹。口径14.4

照片三 陶樽（槐M18：3）

照片四 陶奁（槐M18：2）

1.陶灯（槐M18：1） 2.陶奁（槐M18：2） 3.陶樽（槐M18：3） 4、5.陶鸡（槐M18：4、槐M18：5） 6.陶狗（槐M18：6） 7.陶猪（槐M18：7） 8.陶磨（槐M18：8） 9—11.陶耳杯（槐M18：9、槐M18：10、槐M18：11） 12.陶勺（槐M18：12） 13.陶案（槐M18：13） 14.陶仓（槐M18：15）

图三 槐房M18出土器物

陶，轮制。直口，圆唇，浅筒形腹，下部略粗，平底微凸。腹中部饰两周凹弦纹。口径22.5厘米、底径23厘米、通高12.6厘米（图三，2；照片四）。

陶仓 2件，标本槐M18：14，泥质灰陶，手、模兼制。悬山顶，流水坡素平，仓体平面长方形，直壁较高，背面素平，两侧中上部各开一圆孔，两孔对称，正面中部左右辟两个立式长方形孔，底空。顶部最大宽度40.2厘米、底宽26厘米、进深13.4厘米、通高40厘米（图五，1）。标本槐M18：20，泥质灰陶，模制。悬山顶，脊两端平，中部凹，流水坡素平，仓体平面长方形，直壁较高，背面素平，正面中部右侧辟一立式长方形孔，底空。顶部最大宽度13.6厘米、底宽9.6厘米、进深7.4厘米、通高21厘米（图四，9；照片五）。

陶灶 1件，标本槐M18：16，泥质灰陶，灶体模制，灶面两甑手、模兼制。灶体平面呈梯形，前宽后窄，灶面呈"品"字形分布三个灶眼，前端两灶眼较小，后端灶眼较大。两甑前后放置，大小、形制几乎相同，斜腹，平底，一件平折沿，底部3个小箅孔，另一件卷平沿，底部6个小

厘米、残高13厘米（图五，2）。标本槐M18：28，泥质灰陶。轮制。仅存口沿。侈口，平沿，圆唇，束颈。残高5.6厘米（图五，3）。

陶樽 1件，标本槐M18：3，泥质灰陶，器身轮制，三足模制。直口，圆唇，浅直筒形腹，平底略内凹，底边粘附三蹄形足。口径21.6厘米、底径21.8厘米、通高12.6厘米（图三，3；照片三）。

陶奁 1件，标本槐M18：2，泥质灰

1.陶灶（槐M18:16） 2.陶盆（槐M18:19） 3.陶磨（槐M18:17） 4.陶器盖（槐M18:25）
5、6.石砚（槐M18:22-1、槐M18:22-2） 7.石研子（槐M18:35） 8.陶井（槐M18:18）
9.陶仓（槐M18:20） 10.陶汲水小罐（槐M18:26） 11.陶俑（槐M18:24） 12.陶魁（槐M18:21）

图四 槐房M18出土器物

箅孔。前有矮挡烟墙，后有长方体实心烟囱，灶面灶眼周围分别以堆塑或刻划方式装饰勺、饼等与炊事、饮食相关的用品图像，正面中部设横长方形火门，无底内空。长24厘米、宽17.2~18厘米、台高9.6~11.8厘米、通高16厘米、壁厚1.4厘米（图四，1；照片六）。

陶井 1件，标本槐M18:18，泥质灰陶，轮制。井口呈圆形，侈口，卷平沿，方唇，底下部外张，近底略收，平底。口径14.5厘米、底径14厘米、高10.8厘米（图四，8）。

陶盆 3件，标本槐M18:29，泥质灰陶，轮制。仅存口沿。侈口，斜折沿，尖唇。颈部数周凹弦纹。残高6.6厘米（图五，4）。标本槐M18:30，泥质灰陶，轮制。残存口沿及腹部，敞口，平沿，尖唇，唇部有凹槽，腹部数周轮旋痕。口径48厘米、残高10.4厘米（图五，8）。标本槐M18:31，泥质灰陶，轮制。仅存口沿，敞口，卷沿，圆唇。颈饰凸弦纹。残高9.6厘米（图五，5）。

陶碗 1件，标本槐M18:15，泥质灰、红陶，轮制。侈口，尖圆唇，腹壁稍内束，腹壁弧收，平底。内底一圈凹弦纹。口径20.5厘米、底径13厘米、通高7.6厘米（图三，14）。

陶魁 1件，标本槐M18:21，泥质灰陶，器身轮制，柄模制，而后黏结。器身碗形，敞口，圆唇，束颈，腹壁内收，弧腹，平底。内饰一周凸弦纹。口沿一

照片五 陶仓（槐M18:20）

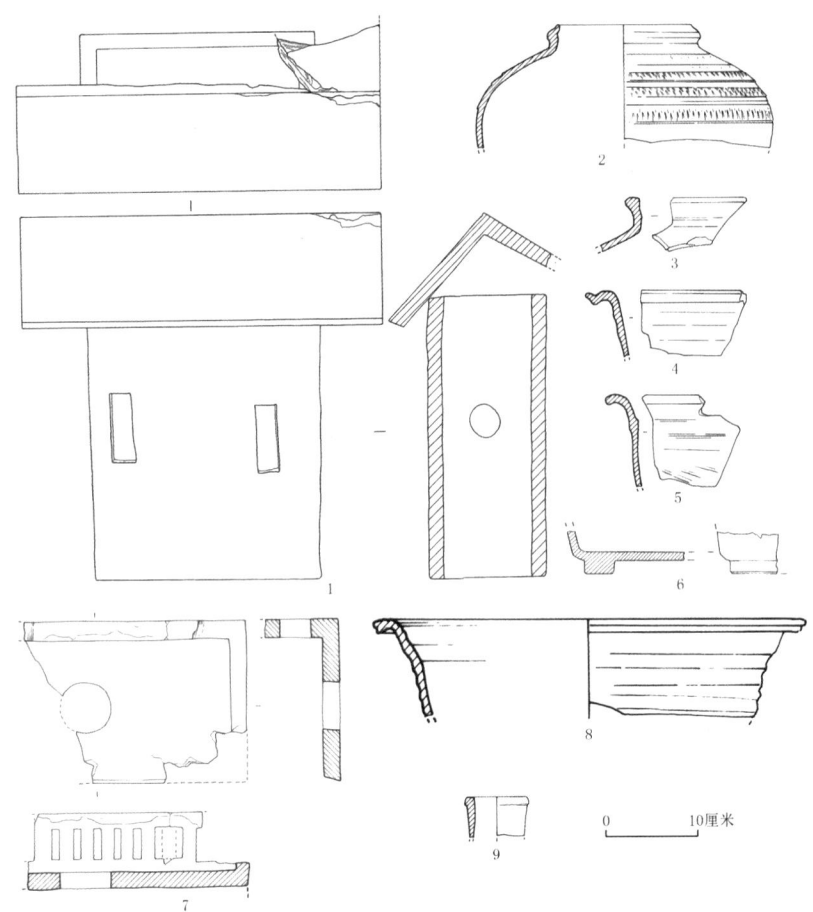

1.陶仓（槐M18:14） 2、3.陶罐（槐M18:27、槐M18:28） 4、5、8.陶盆（槐M18:29、槐M18:31、槐M18:30） 6.陶扁壶（槐M18:32） 7.陶圈（槐M18:34） 9.陶灯（槐M18:33）

图五 槐房M18出土器物

侧黏附龙首柄，柄首略上扬平出，略高于口沿。口径16.4厘米、底径12厘米、柄长7.8厘米、通长24.2厘米、通高6.6厘米（图四，12；照片七）。

陶器盖 1件，标本槐M18:25，泥质灰陶，轮制。圆形顶，素面，子口，盖边缘起凸棱，中部一小圆孔。直径10.2厘米、高2.4厘米（图四，4）。

陶扁壶 1件，标本槐M18:32，泥质红陶，手制，分两片制作，然后捏合而成。仅存底部残片，扁直腹，平底，底部有长条形矮足。残长12.8厘米、残宽5.7厘米、残高4.6厘米（图五，6）。

陶磨 2件，标本槐M18:8，泥质灰陶，模制。分为上、下两扇，圆形。下扇正中有一凸起的圆榫，磨面以6组方向不同的斜线纹等分为6个部分。上扇中部有一周圆形凸棱，中间一道隔梁，隔梁两侧为置粮孔，凸棱四周饰有斜线纹，上扇底面中间有一凹孔，用于与下扇凸起的圆榫对接。直径9.2厘米、通高3厘米（图三，8）。标本槐M18:17，泥质灰陶，模制。分为上、下两扇，圆形。下扇正中有一凸起的圆榫，磨面以6组方向不同的斜线等分为6个部分。上扇中部一周圆形凸棱，中间一道隔梁，隔梁两侧为置粮孔，凸棱四周饰斜线纹，上扇底面中间有一凹孔，用于与下扇凸起圆榫对接。直径9.2厘米、通高3厘米（图四，3）。

陶案 1件，标本槐M18:13，泥质灰陶，模制。手工修整。长方形，四角略削去，边缘有一周斜凸沿，平底。长62厘米、宽40厘米、厚1.6厘米（图三，12）。

陶盘 1件，标本槐M18:19，泥质灰陶，轮制。敞口，窄平沿外斜，方唇，浅腹，腹壁斜直，平底。内饰一周凸弦纹。口径22厘米、底径15.8厘米、高3.6厘米（图四，2）。

陶耳杯 3件，泥质灰陶，模制。器身椭圆船形，略瘦长，敞口，方唇，浅弧腹，低矮假圈足。口沿两侧有对称月牙形

照片六 陶灶（槐M18：16）

照片七 陶魁（槐M18：21）

耳，耳微上翘，耳面内侧与口沿平，外侧略高于口沿。标本槐M18：9～11，形制、尺寸相同，体小，两端略尖。口长12.4厘米、口宽8.8厘米、高4.4厘米（图三，9—11）。

陶勺　1件，标本槐M18：12，泥质灰陶，手、模兼制，器身圆形，敞口，圆唇，深弧腹，圆底，一侧兽形曲柄上翘，末端微上扬。口径6.4厘米、腹深4.6厘米、通长15、通高12厘米（图三，13）。

陶灯　2件，标本槐M18：1，泥质灰陶，灯盘、柄座分体轮制，而后黏结。灯盘直口，斜方唇，浅腹，内底平，外壁一周轮旋痕，高柱状空心柄，底座喇叭状，周边有台棱，底边斜直，座上三周轮旋痕。口径15.2厘米、底径13.2厘米、通高15.5厘米（图三，1；照片八）。标本槐M18：33，泥质红陶，轮制。仅存灯柱口部残片。直口，方唇，直颈。口径6.5厘米、残高4.4厘米（图五，9）。

陶汲水小罐　1件，标本槐M18：26，泥质灰陶，模制。直口，平沿，圆底，口部外侧一周凸棱，外壁两侧有对称长方形装饰，腹、底饰数道较粗绳纹。口径7厘米、通高5.2厘米（图四，10）。

陶圈　1件，标本槐M18：34，泥质褐陶，手、模合制。火候较低。上部无存，残存下部，平面呈长方形，一侧围栏镂出竖长条棂窗形孔。残长24.5厘米、残宽17厘米、残高8厘米（图五，7）。

陶俑　1件，标本槐M18：24，泥质灰陶，模制。头戴圆顶帽，大脸，面目清晰，双手拢于胸前，身着交衽长袍，作站立状。通高16厘米（图四，11）。

陶狗　1件，标本槐M18：6，泥质灰陶，模制。耳耸、目圆、嘴阔，尾巴上卷搭于臀部，四肢高壮，作站立吠叫状。长18.6厘米、高11.2厘米、足宽3厘米（图

照片八 陶灯（槐M18：1）

照片九 陶狗（槐M18：6）

三，6；照片九）。

陶猪　1件，标本槐M18：7，泥质灰陶，模制。双耳上耸，二目凸起，鼻前张，尾折断，身躯肥壮，作趴伏状。长16厘米、高4.4厘米（图三，7）。

陶鸡　2件，标本槐M18：4，泥质灰陶，模制。为公鸡、尖喙、高冠、大髯、长尾，双目微凸，眉目、翅羽清晰，尾上翘，长方形底座。长18厘米、通高14.8厘米、座高2.6厘米（图三，4；照片一〇）。标本槐M18：5，泥质灰陶，模制。为母鸡，尖喙、矮冠、小髯、短尾，双目微凸，眉目、翅羽清晰，尾上翘（残），长方形底座。长14厘米、通高14.4厘米、座高2.6厘米（图三，5；照片一一）。

石砚　2件，标本槐M18：22—1，近长方形，青石质，正面平整光滑，背面略粗糙。长12.1～12.5厘米、宽5.5厘米、厚0.5厘米（图四，5）。标本槐M18：22—2，方形，青石质，其中一角残，正面平整光滑，背面略粗糙。边长5.5厘米、厚0.5厘米（图四，6）。石砚未见有木砚盒①。

石研子（研杵）1件，标本槐M18：35，半球形圆顶，青石质，方座，底平。方座边长3厘米、高2.5厘米（图四，7）。

铜钱　1件，标本槐M18：23，共10枚，分别为五铢8枚、磨郭五铢1枚和剪轮五铢1枚。虽有锈蚀，字迹可辨。圆形方穿，正、背有郭，穿正面无郭，正面穿左右篆书"五铢"，"五"字曲笔，接上下横画处垂直或呈外放状，"铢"字"金"旁头呈三角形，"朱"旁上部两竖多圆，少数为方折。

槐M18：23—1，五铢。字体宽大，"五"字宽大，竖画特曲，接上下横画处垂直，"铢"字"金"旁头呈三角形，"朱"旁上部两竖方折。郭径2.43厘米、钱径2.33厘米、穿宽0.9厘米、郭宽0.09厘米、郭厚0.1厘米、肉厚0.06厘米，重1.8克（图六，1）。

槐M18：23—2，五铢。字体宽大，"五"字宽大，竖画特曲，接上下横画处垂直，"铢"字"金"旁头呈三角形，"朱"旁上部两竖方折。穿下一星。郭径2.49厘米、钱径2.26厘米、穿宽0.93厘米、郭宽0.14厘米、郭厚0.14厘米、肉厚0.07厘米，重2克（图六，2）。

槐M18：23—3，五铢。字体宽大，"五"字宽大，竖画特曲，接上下横画处垂直，"铢"字"金"旁头呈三角形，"朱"旁上部两竖圆折。郭径2.53厘米、钱径2.3厘米、穿宽0.95厘米、郭宽0.13厘米、郭厚0.11厘米、肉厚0.05厘米，重1.98克（图六，3）。

槐M18：23—4，五铢。字体宽大，"五"字宽大，竖画特曲，接上下横画处垂直，"铢"字"金"旁头呈三角形，"朱"旁上部两竖圆折。郭径2.59厘米、钱径2.29厘米、穿宽0.94厘米、郭宽0.13厘米、郭厚0.12厘米、肉厚0.09厘米，重2.22克（图六，4）。

照片一〇　陶鸡（槐M18：4）

照片一一　陶鸡（槐M18：5）

1.69克（图六，6）。

槐M18：23—7，五铢。字体宽大，"五"字宽大，竖画特曲，接上下横画处垂直，"铢"字"金"旁头呈三角形，"朱"旁上部两竖圆折。郭径2.6厘米、钱径2.28厘米、穿宽1.01厘米、郭宽0.14厘米、郭厚0.12厘米、肉厚0.08厘米，重2.29克（图六，7）。

槐M18：23—8，五铢。字体宽大，"铢"字"金"旁头呈三角形，"朱"旁上部两竖圆折。郭径2.58厘米、钱径2.21厘米、穿宽0.99厘米、郭宽0.13厘米、郭厚0.11厘米、肉厚0.09厘米，重2.19克（图六，8）。

槐M18：23—9，磨郭五铢。字体宽大，略有残郭，有部分破损。"五"字宽大，竖画较直，接上下横画处呈外放状，"铢"字"金"旁头呈三角形，"朱"旁上部两竖方折。钱径2.45厘米、穿宽0.95厘米、肉厚0.07厘米，重1.27克（图六，9）。

槐M18：23—10，剪轮五铢。字体宽大，略有残郭，有部分破损，字迹有残缺。"五"字宽大，竖画较直，接上下横画处呈外放状，"铢"字"金"旁头呈三角形，"朱"旁上部两竖方折。钱径2.35厘米、穿宽0.94厘米、肉厚0.08厘米，重1.51克（图六，10）。

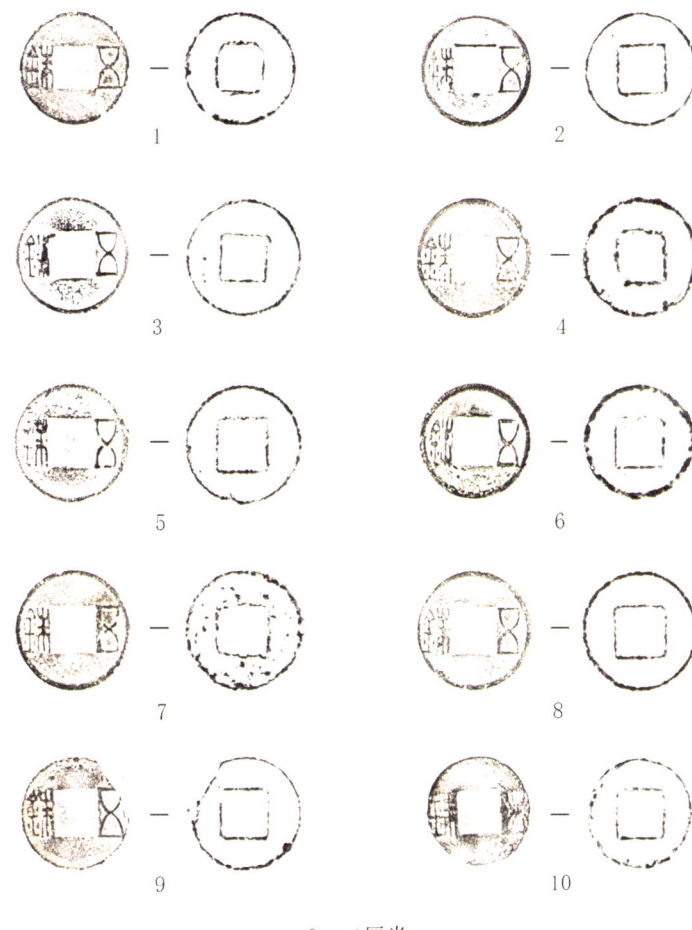

1-8.五铢（槐M18:23-1、槐M18:23-2、槐M18:23-3、槐M18:23-4、槐M18:23-5、槐M18:23 6、槐M18:23-7、槐M18:23-8） 9.磨郭五铢（槐M18:23-9） 10.剪轮五铢（槐M18:23-10）

图六 槐房M18出土钱币

槐M18：23—5，五铢。字体宽大，"五"字宽大，竖画特曲，接上下横画处垂直，"铢"字"金"旁头呈三角形，"朱"旁上部两竖圆折。郭径2.55、钱径2.26厘米、穿宽0.99厘米、郭宽0.1厘米、郭厚0.1厘米、肉厚0.08厘米，重1.87克（图六，5）。

槐M18：23—6，五铢。字体宽大，"五"字宽大，竖画特曲，接上下横画处垂直，"铢"字"金"旁头呈三角形，"朱"旁上部两竖圆折。郭径2.48厘米、钱径2.15厘米、穿宽0.98厘米、郭宽0.17厘米、郭厚0.11厘米、肉厚0.06厘米，重

三、初步认识

槐房M18为双墓道土坑竖穴多室砖墓，器物组合较为丰富，因没有出土明确

纪年的器物，也无与其他墓葬打破关系，只能根据发掘情况对墓葬的年代进行推测。

1. 从墓葬结构来看，槐房M18墓室结构复杂，形制独特，墓葬形制与通州潞城镇棚户区改造项目A10地块汉墓M12[2]、河北张家口宣化东升路东汉墓M3[3]相近，均为双墓道多室砖墓。

2. 从器物的质地、制法、型式、纹饰等来看，槐房M18随葬的陶扁壶、陶魁、陶仓、陶灶等与北京平谷西柏店和唐庄子汉墓M1[4]、朝阳三台山汉墓[5]、大兴亦庄X10号地M53[6]、北京房山南正M22[7]、河北迁安于家村一号汉墓[8]、河北省无极县东汉墓[9]出土器物相似，均为东汉晚期墓葬中常见的器型。随葬的五铢钱，"五"字曲笔，"朱"字头多圆折，这都是东汉以后五铢钱的特征。

3. 从器物组合来看，槐房M18的随葬品多为陶器，模型明器有仓、灶、磨、井、汲水小罐、圈、人物俑、动物俑（猪、鸡、狗）；生活用具有罐、扁壶、盆、碗、魁、案、盘、樽、奁、耳杯、勺、灯、石砚等，是东汉晚期典型的随葬品组合，在北京昌平半截塔村东周和两汉墓东汉墓M1和M11[10]、北京怀柔城北东汉墓M1[11]、北京平谷县西柏店和唐庄子汉墓M1、M103[12]、北京大兴亦庄新凤河路M7[13]、北京房山南正M7、M12[14]、河北燕下都遗址内郎井村东汉墓67LLM1和北沈村东汉墓70LBM1[15]等墓葬中均有类似器物组合出现。

综合上述几个方面的分析，槐房M18的墓葬年代大致可以确定为东汉晚期。砖砌多室墓在北京地区东汉中晚期墓葬中较为常见，但双墓道对称结构的多室墓却很罕见。槐房M18的考古发现反映了东汉晚期聚族而葬的家族合葬现象在北京地区的流行。

发掘：白岩、刘风亮、王小朋等
摄影：刘风亮、王宇新
绘图：曾谦、林玥、赵夏锋
拓片：张济发
执笔：白岩

---

① "精致的长方形石砚经常附木砚盒，如山东临沂金雀山M11"。参见孙机：《汉代物质文化资料图说》，文物出版社，1991年，第278页。

② 北京市文物局、北京城市副中心行政办公区工程建设办公室、北京市文物研究所：《北京城市副中心考古（第一辑）》，科学出版社，2018年，第94页。

③ 张家口市宣化区文物保管所：《河北张家口宣化东升路东汉墓（M3）发掘简报》，《文物》2015年第3期。

④⑫ 北京市文物工作队：《北京平谷县西柏店和唐庄子汉墓发掘简报》，《考古》1962年第5期。

⑤ 北京市文物工作队：《北京东南郊三台山东汉墓发掘简报》，《北京文物与考古》，北京燕山出版社，1983年，第19—20页。

⑥ 北京市文物研究所：《北京亦庄X10号地》，科学出版社，2010年，第106—111页。

⑦ 北京市文物研究所：《房山南正遗址——拒马河流域战国以降时期遗址发掘报告》，科学出版社，2008年，第182—192页。

⑧ 迁安县文物保管所：《河北迁安于家村一号汉墓清理》，《文物》1996年第10期。

⑨ 王巧莲、樊瑞平、刘友恒：《河北省无极县东汉墓出土陶器》：《文物》2002年第5期。

⑩ 北京市文物工作队：《北京昌平半截塔村东周和两汉墓》，《考古》1963年第3期。

⑪ 北京市文物工作队：《北京怀柔城北东周两汉墓葬》，《考古》1962年第5期，第233页。

⑬ 北京市文物研究所：《北京亦庄考古发掘报告》（2003—2005年），科学出版社，2009年1月，第122—129页。

⑭ 北京市文物研究所：《房山南正遗址——拒马河流域战国以降时期遗址发掘报告》，科学出版社，2008年12月，第159—178页。

⑮ 河北省文物研究所：《燕下都遗址内的两汉墓葬》，《河北省考古文集（二）》，北京燕山出版社，2001年，第121—128页。

西板桥及其河道遗址考古发掘简报

北京市文物研究所

2017年8月上旬，西城区什刹海街道在景山西街实施拆违作业施工时发现了西板桥及西侧河道遗址。2017年9月16日至12月1日，北京市文物研究所对该桥及河道遗址进行了抢救性发掘。

发掘地点位于西城区恭俭胡同南口、北海濠濮间东苑墙外、景山西街与景山后街交会处北侧、景山公园的西北方向（图一）。总发掘面积为305平方米。

发掘区内地层堆积简单，遍布区域内的渣土层下即为遗迹。渣土为黑褐色，厚0.5～0.7米，土质疏松，含有大量现代垃圾。

一、西板桥遗址

西板桥横跨在明清北京皇城西北隅的金水河上。这条金水河自北京西北向东南流入皇城后，经濠濮间出苑墙自西北向东南流淌，然后南折流入紫禁城筒子河。西板桥即位于这段金水河向南弯转点的西侧。

该桥南北向，为单孔石平桥，桥面近正方形，边长6.5米，由长短不同的长方形花岗岩石条东西向错缝铺砌，石条规格不等，长0.75～2.4米、宽0.45～0.75米。桥身四边镶嵌汉白玉牙子，现存南、北两边及东、西两边最北端的一截，牙子长1.2米、宽0.14米。东、西两侧桥面及栏板处被破坏，桥栏板及地栿尽失，桥东、西两端由长4.95米、宽0.9米的现代水泥板填充。水泥板的外侧有长6.5米、宽0.3米的水泥条，中间有长6.5米、宽0.13米的基槽。东、西两块水泥板之间的桥心东西宽4.15米。北侧桥面石牙子外西北角，有青砖铺地，完整者长0.43米、宽0.21米、厚0.12米（照片一）。

图一　西板桥地理位置示意图

桥的西侧立面显示，桥板的底面比桥面磨损严重，从北向南由厚到薄，北端最厚0.3米，南端的石条底面被磨蚀成弧形槽状，最薄0.2米，桥板下以充塞碎砖石找平。方桥洞损毁后露出里面券洞，净跨2米、矢高1.7米、东西进深4.15米，券石仅一层，质地为花岗岩，龙门石距桥面0.9米，两侧分别循序排列着三块券脸石，厚0.3～0.35米，券脚落于两侧金刚墙上，登券及两侧立面为青石条错缝垒砌。券洞中有现代污水管穿过，周边用碎砖填实。北侧燕翅及两侧河身泊岸以虎皮石包砌，有水泥勾缝，是现代修理泊岸所为，顶端压面石尚存，东西长1.3、南北宽0.95米（图二，照片二）。

二、河道遗址

本次清理的河道位于北海公园濠濮间东苑墙外向东延伸的部分，呈西北—东南走向。因地形限制，河道清理长度仅29米；清理的宽度为8.35米，其中包括河道宽4.15米，河身泊岸宽0.9米，背后砖和背后灰土总宽1.1～1.2米；清理深度约2米（图三，照片三）。水道中有现代污水井及污水管。

靠近濠濮间东苑墙处的两侧河身泊岸保存较好，以花岗岩条石砌筑，白色灰浆勾缝，这段泊岸残高1.8～2米、残长3.5～6米，花岗岩石条长1.1～1.2米、宽0.9米、厚0.3米（照片四、照片五）。

继续向东南延续的河身泊岸，下部花岗岩条石尚存，上部石条缺失，以现代虎皮石补砌，水泥勾缝（照片六）。背后砖墙部分以碎砖石填充地基；其上以残砖垒砌，砖的规格是0.24～0.28×0.2×0.12米，白色灰浆灌缝；最上层残存两层三合土，层厚0.1～0.2米（照片七、照片八）。

三、结语

1. 西板桥的形制问题

如前文所述，西板桥桥面比较平整，底面磨蚀严重，推测桥面石有可能曾经被翻转过，现在的桥面是原桥面石的底部。

从西板桥的侧立面观察，桥洞有两重，外侧桥洞是方形，里面还有一个券形桥洞。说明西板桥后期被改造过，券洞是原状，施工规范，券石坐落于金刚墙上，撞券石和券脸石均为花岗岩，与桥面石和

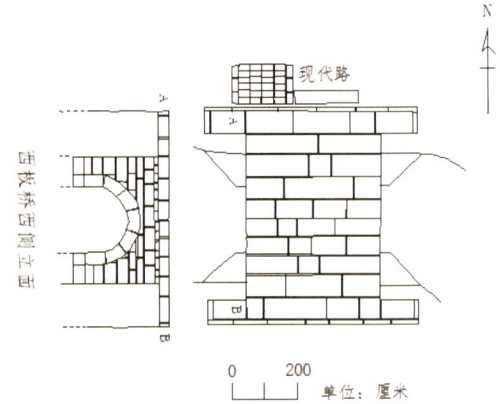

图二 西板桥平面图和侧立图

照片一 发掘后的西板桥（自西向东）

照片二 西板桥侧立面（自西向东）

照片三 河道遗址（自东向西）

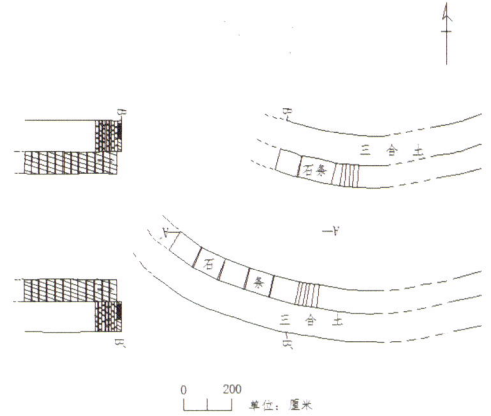

图三 河道平、剖面图

照片五 条石泊岸断面

照片六 泊岸现代虎皮石与原状条石拼接（自南向北）

照片七 背后砖压面三合土

照片四 濠濮间东苑墙外河道北泊岸（自南向北）

泊岸条石质地相同，方洞是后期加宽桥面向东西两侧外扩形成的。

古代石桥就形式而言可划分为券桥和平桥两大类，平桥一般为方形桥洞，西板桥原始桥洞为券形。平桥券洞是比较罕见的样式，也可能西板桥在最初建造时抑或是座拱桥。

西板桥形制的演变尚待进一步研究。

照片八 背后砖墙的结构（自南向北）

2. 西板桥的年代问题

元代金水河进入皇城后，沿太液池

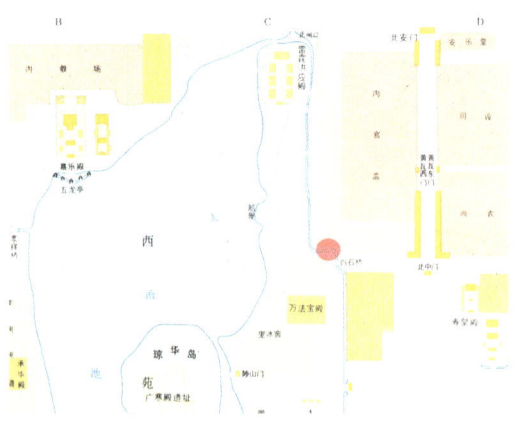

图四 明代西板桥的相对位置
（图引自侯仁之主编：《北京历史地图集》）

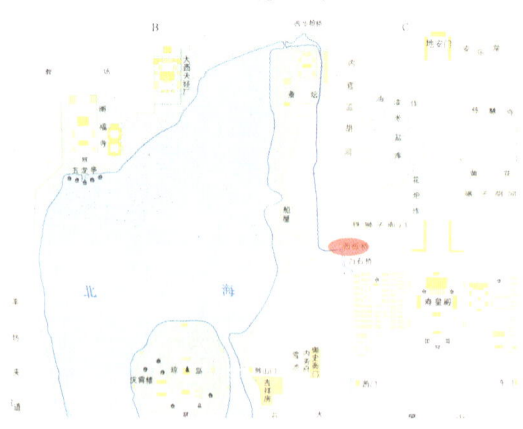

图五 清代西板桥的相对位置图
（图引自侯仁之主编：《北京历史地图集》）

东岸一路向南，直至陟山桥，穿桥而过，向西分出一个支流，为琼华岛供水。这时候的金水河似乎并没有流经现在西板桥这个位置[①]。《析津志》中列举了北京许多桥梁的名称，包括一些无名桥也写清附近标志物，以标明这些无名桥的位置，比如"文明门内外三，平则门内外二，肃清门内外二……"[②]，但这里既没有出现"西板桥"的名称，也没有说明厚载门西有一桥，即在有名称的桥中，或是无名桥中，都没有西板桥的身影，所以在元代西板桥尚未建成。

明代的金水河，穿过西不压桥下闸进入皇城后，有一支流经今濠濮间后向东穿出苑墙，流向东南方，然后南折，进入紫禁城筒子河[③]。在《明皇城》一图中能够看到西板桥的存在，但这张图上只标明了西板桥东南侧的白石桥（图四），却没有标注西板桥的名称，可能体量太小不值一提，也可能西板桥这个名称尚不存在，但在这个地点、这个位置的确已经有一座桥了。由此推断，西板桥最早建造的年代是明代。

清光绪年间成书的《京师坊巷志稿》明确提到"西板桥"[④]。《清皇城》图中西板桥也明确标注在白石桥的西北侧，与明代皇城图中的位置没有变化，应是同一座桥（图五）。是否说明在清代，西板桥的形制已经是平桥了呢？

由此我们认为，西板桥始建于明代，形制经过改造，至少在清代已经变成平桥的形式。西板桥的发掘，为研究金水河与周边环境的关系、皇城水系的演变提供了实物资料。

考古领队：张中华

执笔：王继红、张中华

---

①③ 蔡蕃：《北京古运河与城市供水研究》，北京出版社，1987年。

② （元）熊梦祥：《析津志辑佚》，北京古籍出版社，1983年。

④ （明）张爵、（清）朱一新：《京师坊巷志稿》，北京古籍出版社，1982年。

综合多学科 探究提能力

——恭王府携手社会力量打造非遗课堂

郝 黎

文化和旅游部恭王府博物馆2014年获评国家非物质文化遗产展示基地，此后每年全国各地优秀的非遗项目在此展示，这也为我们开展社教活动提供了一种全新的选择。传统工艺是非遗的一项重要内容，是中华民族的智慧结晶和艺术瑰宝。党的十八届五中全会明确提出"振兴传统工艺"，文化和旅游部也制订了《中国传统工艺振兴计划》。

恭王府博物馆（以下简称：恭王府）的社会教育面临与很多博物馆社教相同的困境，工作人员人数少且缺乏教育背景。自2018年起，恭王府公共教育部开始和社会力量合作，开辟了社教工作的新天地。恭王府选择"之文"作为合作伙伴，是因为这家公司在北京市赵登禹学校、佟麟阁中学、93号院博物馆等多家单位都开设了非遗课程，积累了比较丰富的经验。学生在学习期间可以完成多件作品，了解技艺背后深厚的中国文化，收获创造的成就感，而且能够培养动手能力、创造能力等多种能力。

一、课程设计

（一）精心选择项目

恭王府非遗系列社教活动精心选择风筝、毛猴、兔爷、京剧脸谱、面塑等十余个体验活动。这些课程或体现北京地域文化特色，如毛猴、兔爷，或符合王府神韵，如京剧脸谱、风筝，能够融入多学科内涵且操作不太复杂，符合我们对社教活动对象即6—12岁的青少年年龄定位，遵循该年龄段学生身心发展规律。

以毛猴为例，毛猴制作技艺是极具北京特色的一项非物质文化遗产。毛猴作品兼具文学性和艺术性，题材多样，寓意丰富，它既是优秀传统文化和风土人情的凝固，又能成为人们品评时事、寄情未来的独特载体。毛猴制作技艺不太复杂，学生会拥有很大的自我创新空间。

（二）完善课程内容

尽管公司的课件已经具备，但我们没有"拿来就用"，而是继续完善，精益求精，如给生僻字注音、增加或删减内容、调整顺序、调整图片颜色等；毛猴的原料之一是辛夷，即玉兰花花苞，我们为课件准备了恭王府精美的玉兰图片，增加学生的感性认识；原料之二是蝉蜕，我们补充了法布尔《昆虫记》中有关蝉的生动记载，把经典名著和课程完美结合。

此外，建立完整的社教活动流程，恭王府的社教课程不局限于课堂，而是包括课前、课中和课后三个阶段。课前我们通过微信群向所有学员发放任务卡，让学生初步了解课程内容，寻找问题答案，引导学生探索式学习；课中安排问答、解答任务书，不仅包括课堂听讲和制作，还移步到展厅参观关联度高的展览，助教在群中同步分享学生课堂表现；课后，引导学生及家长写留言、提意见。经过一段时间的积累，恭王府还会对孩子们的作品进行评比，优秀作品将有机会在专题展览上展出。届时，会邀请优秀作品作者前来观展并颁发荣誉证书。

（三）借鉴素质教育做法

1. 三维课程目标培养全面素质

三维课程目标即知识与能力、过程与方法、情感态度与价值观，是对我国中小学多年教育教学实践的总结升华，是对国内外教育教学理论的借鉴和创新。

以风筝课为例，其三维课程目标如下：

知识与能力：学生深入了解风筝的起源与文化内涵，学会设计制作风筝的相关知识，进一步培养学生的手脑协调能力。让学生通过亲身实践，理解风筝升空所蕴含的空气动力学原理，增加他们统筹知识、解决问题的能力。

过程与方法：学生能运用实践习得的科学知识，设计形状合理的风筝，并且为风筝创造独特的纹样装饰。通过学习烤竹条扎骨架、糊风筝、设计并彩绘画片、绑提线等技艺，学生能完成一个菱形风筝和一个软翅风筝的制作，并能完成一个沙燕风筝的彩绘，然后实现风筝放飞。

情感态度与价值观：通过学习风筝设计与制作，激发学生的创造力和想象力，培养学生对中国传统技艺的喜爱，增强其民族自豪感。学生参与实践活动后，能够从解决问题的过程中收获满足感和成就感，抗挫折能力得到提升。

2. 综合课程体现多学科融合

目前我国的学校课程，按照组织方式可分为三类：

第一类是分科课程也称为学科课程，是一种单学科的课程组织模式，强调不同学科门类之间的相对独立性。其主导价值在于传承人类文明，强调使学生掌握、传递和发展人类积累下来的文化遗产。

第二类是活动课程，从学生的兴趣、需要出发，通过学生自己组织的一系列活动而实施。其主导价值在于使学生获得关于现实世界的直接经验和真切体验。

第三类是综合课程，指打破传统分科课程的知识领域、组合两个或两个以上的学科领域构成的课程，强调学科之间的关联性、统一性和内在联系。其主导价值在于通过相关学科的整合，促进学生认知的整体性发展，并形成把握和解决问题的全面视野与方法。

恭王府的社会教育对象是中小学生，在校学习的多为分科课程。分科课程的优点是逻辑严密，条理清晰，但各门学科之间泾渭分明，相互割裂。我们的课程为综合课程，体现多学科交叉的特点。

以风筝课为例，风筝起源于中国，融合了深厚的中国传统文化和科学知识。风筝探究式课程充分考虑到风筝制作是一门综合多学科的技艺，让学生在多个领域开展有趣的探究。课程包括以下内容：

①风筝的历史与文化
②风筝工艺探究——烤竹条
③风筝形状及材质探究
④菱形风筝制作
⑤沙燕风筝文化
⑥沙燕风筝彩绘
⑦沙燕风筝绑提线
⑧软翅风筝设计原理讲解
⑨软翅风筝图案和骨架设计
⑩软翅风筝图案彩绘
⑪软翅风筝糊制
⑫软翅风筝绑提线
⑬放飞原理讲解及试飞

风筝历史文化部分介绍了从古至今风筝的功能，风筝古称木鸢、纸鸢、风鸢、飞鸢、纸鹞、风鹞、纸鸦等。风筝曾是古代战争期间通讯和侦探的重要工具。至唐代，随着社会安定，经济发达，风筝开始向娱乐方向发展。《清明上河图》等名画、《村居》等名诗里就有人们放飞风筝的情景，《红楼梦》第70回有大量篇幅描写人们放风筝的场面。风筝图形寄托着人们美好的期盼，如红色的蝙蝠寓意洪福齐天等。软翅风筝、硬翅风筝、串式风筝等有不同的造型，但结构多为对称。各地风

图一 学生在制作风筝

筝有不同的特征。此部分以风筝为载体,把语文、历史、民俗等相关知识完美地融合在一起。

风筝的制作技艺为"扎、糊、绘、放",其中描绘骨架、彩绘,以绘画技法呈现中国绘画元素和吉祥图案,鼓励学生充分发挥自己的想象力和创造力,不用成人思维固化孩子,激发他们独有的闪光点。用竹条扎制、用材料糊制骨架,穿针引线连接风筝线,放飞风筝,需要学生实际操作(图一)。在掌握风筝制作技艺的同时,融会贯通数学、力学等学科的内容,锻炼动手能力、自主学习能力、知识统筹和应用等多方面的潜能。经过学习,学生制作的风筝不但精美独特,而且基本上都能翱翔于蓝天。

3. 课程评价重结果更重过程

恭王府非遗系列课程评价采用过程性评价与终结性评价相结合原则,其中出勤占20%,学习过程(听讲、课堂参与、学习态度、课下任务)占40%,结课作品占40%。

(四)增加恭王府元素

我们不遗余力打造恭王府特色非遗课程,表现为或结合恭王府历史,或结合同期恭王府展览,或结合恭王府古建,或结合时令,从而增加王府元素。

福文化是恭王府的重要文化内涵之一。恭王府因遍布蝙蝠形装饰和一块康熙皇帝的御笔刻成的福字碑而被誉为万福园。为此,我们在风筝、面塑课程中增加了福文化,并为兔爷命名为福大将军等。

在风筝课程中,孩子们除了亲身体验创作之外,还参观我馆举办的"千年潍水,手艺之都"非遗风筝展览,扩展相关内容,增加直观印象。

毛猴课程项目则请非遗传承人以恭王府典型建筑如银安殿、大西楼、西洋门等作为毛猴的制作背景,提供王府玉兰花等精美图片,获得小朋友及家长的热烈欢迎(图二)。

中秋节前,我们选择了兔爷作为课程,这是因为以前北京过中秋有制作、供奉兔爷的习俗。除此之外,我在王府后人所撰写的文章中找到了王府如何过中秋的内容,将之补充到课件中,向孩子们普及

图二 带有王府特色的毛猴课程及学生完成的作品

节日风俗。

二、组织实施

有了好的课程内容还远远不够，还需要组织好实施的各个环节。

1. 明确责任。由于恭王府非遗系列课程是恭王府社教团队和公司共同合作推出，合作初期不够顺畅。在这种情况下，双方及时沟通，明确责任，保证了接下来的有序运转：由于课程在恭王府内开设，招生、签到、组织参观，由恭王府团队实施；课上管理由非遗教师为主，恭王府团队配合；课件由双方共同开发。

2. 完善设备设施。恭王府儿童活动中心原有的电视尺寸较小，为此更换大尺寸电视保证更好的课堂效果。播放PPT需要使用笔记本电脑，而部门没有，为此同事奉献自己的电脑公用，与此同时提出申购笔记本电脑，确保课程如期开展。

3. 重视安全。首先是人员安全，尤其是作为未成年人的学生的安全。我们的社教对象是小学高年级和初中低年级学生，我们要求他们参加活动必须有人陪护到现场，课程结束由陪护人接走。因为课程有现场参观环节，恭王府游客熙来攘往，而参与课程的学生都是网上报名的，与工作人员并不熟悉，为此我们制作了学生专用马甲，提高他们在人群中的辨识度，同时能保护他们的衣服（图三）。重视安全还表现在要保护文物安全。考虑到活动场所恭王府是全国重点文物保护单位这一特点，有安全隐患的环节一律取消，如风筝需要烤竹条，考虑到安全，取消了这一环节。

4. 每次活动后都及时总结经验，查找不足，故每次活动都在改善。比如第一次课程考虑到后续选取优秀作品展出的需要，我们没有让学生带走作品，在实践中发现这样做导致孩子很失落，再者保存太多作品需要空间、需要整理。第二次课程我们即改善此环节，只留下优秀作品，并事先在家长群声明，征求其同意。第三次

图三 学生穿着专用马甲到现场参观

活动争取到公司补充优秀作品者材料包一套。通过三次活动，有效解决了既留下优秀作品，又尽量弥补孩子心理落差的问题。

5. 充分利用现代传媒手段。利用恭王府博物馆"恭小福"微信公众号开展学生招募，建立微信群开展课前管理，课中发送学生课堂表现照片与家长互动。为了保证学生的可持续参与，我们又建立了王府微信教育公众号"王府有约"。

6. 完善对学生的管理。优质非遗课程目前免费向社会上的广大青少年提供。因我馆面积有限，为确保活动资源最大化利用，因此把爽约者拉入黑名单，培育社会诚信。

7. 走进校园，扩大受众面。我国《非物质文化遗产法》要求博物馆开展非物质文化遗产的研究、宣传、展示等工作，学校也要开展相关的非物质文化遗产教育。2019年恭王府携非遗系列社教课程进入北京十三中、团结湖小学等，从暑期及学期中周末开办课程，到成为进入学校的每周课程，这是一个质的飞跃。恭王府公共教育走出博物馆，开展馆校合作，使优质的教育资源惠及更多的学生（图四）。

三、结语

恭王府博物馆在社教工作上，联合社会力量，引入了"之文"探究式教育课程，以非遗为载体，以探究式学习方法为途径，结合恭王府博物馆的文化特色进行

图四 非遗课程进入校园

选题和定制,形成了独有的课程体系,是对博物馆社会教育的创新探索。

探究式社教课程的核心是将非遗文化与多学科知识相结合,打破学科育人局限,强调多学科知识综合运用能力的培养,通过动手制作生动有趣的非遗作品,激发学生的学科学习兴趣,对文化、艺术、科学和社会生活进行多维度的探究,构建学生收集、分析和架构知识的能力。

课程设计结合未来社会对人的需求,能够提高孩子知识整合及应用、手脑协调等能力,还能满足提高想象力、促进团队合作等能力提升的需求。

恭王府深厚的文化内涵和跨学科非遗课程的整合,每一位参与其中的孩子都学有所获。在这里,每个孩子都能找到属于自己的一片天地,挖掘自我潜能,收获同伴之间志趣相投的友谊、一丝不苟的工匠精神及收获成果后的喜悦心情。

通过推出独具特色的非遗探究式社教课程,恭王府使得非遗文化深深植根在孩子们的心中。而这些学生又将成为种子,扩大非遗的社会影响,不仅有利于传播、传承、保护非遗,而且有利于增强文化自信,增强民族自尊心和自豪感。

(作者单位:文化和旅游部恭王府博物馆)

故宫博物院摄影资料保护浅谈

方丽瑜

紫禁城作为明清两朝的皇宫，沿用近500年。1912年末代皇帝溥仪退位后，紫禁城逐渐从一座皇宫转变为博物馆，在其基础上先后成立了古物陈列所与故宫博物院两所博物馆。1948年，古物陈列所并入故宫博物院[1]。集合古物陈列所之力，历经百年发展，故宫博物院成为中国规模最大的古代综合艺术博物馆，既管理着世界上现存规模最大、保存最完整的紫禁城宫廷建筑群，又保存着丰富的古代艺术珍品、宫廷用品等可移动文物共计186万多件（套）。除此之外，故宫博物院还拥有大量的摄影资料，其时间跨度长达150多年，题材广泛，内容丰富，一部分为晚清宫廷遗存，其余多数为古物陈列所与故宫博物院主导的摄影实践所积攒——这两座博物馆成立不久后，出于记录、出版、展览等缘由开展了纪实摄影，摄影对象包括紫禁城文化遗产及与其产生交集的人类活动。其影像内容不单涵盖晚清至民国历史和社会的多个侧面，也涵盖中华人民共和国成立至今故宫博物院文物保护、展示与研究的方方面面，同时亦借由所依托的玻璃底片、胶片、数字载体等摄影载体，将历次摄影技术变革的轨迹记录下来[2]。

由于故宫博物馆（以下简称：故宫）摄影资料有年代跨度大、数量庞大、载体多样等特点，其长期保存面临较严峻的挑战。首先，玻璃底片、胶片、老照片等传统光学摄影载体本身大都具有劣化自毁的特性，较为脆弱，一旦受有害环境影响，不可逆的劣化便会加剧，影像则会消亡。其次，虚拟的数字影像年代虽新，但依旧面临生存风险。作为紫禁城文化遗产的真实记录，故宫数字影像是非常重要的电子档案，但数字影像依赖数字载体而生存，一旦支持影像读取和存储的软硬件过时或损坏，数字影像便无法识别。时不我待，无论是传统光学影像还是数字影像，无论是摄影介质还是影像内容，一朝损毁则无力挽回，对其合理保护刻不容缓。但是，目前国内摄影资料的保护理念与实践较之国外存在一定的差距。"中国有悠久的摄影历史，但仍缺少一部完整的中国摄影史"[3]。长期以来，在国内摄影发展脉络不够清晰的大环境下，博物馆行业在摄影藏品保护、摄影史研究方面亦存在一定的缺失，关注点大都集中在影像的文献价值，影像的艺术与科学价值并未得到充分认识与挖掘，不但给珍贵历史影像的保存、传承、研究与展示带来非常大的阻力，也未能对如今构建完善的数字影像长期保存体系提供借鉴。本文尝试在现阶段故宫摄影资料清查结果的基础上，梳理摄影技术在紫禁城的应用沿革，尝试探析故宫摄影资料的价值与保护理念，以期抛砖引玉，为相关研究提供参考。

一、摄影技术在紫禁城的应用沿革

1839年，摄影术正式宣布发明，人类走进依靠机械精确记录现实的历史轨道。1840年第一次鸦片战争之后，西方摄影术传入中国，但期间仅有一些摄影活动的文字记录留存，其影像却至今未被发现。1844年，法国海关总检察官于勒·埃及尔将摄影带入中国南方地区，拍摄了被认为是"迄今为止发现的最早的中国影像"[④]。同时，于勒·埃及尔也拍摄了第一位晚清宫廷人物爱新觉罗·耆英，摄影与晚清宫廷开始产生交集。19世纪中叶，第二次鸦片战争爆发，摄影术被带入了中国的北方地区[⑤]，神秘的北京城成为拍摄的对象。中外摄影师出于晚清皇室的诏令、庚子事变等不同缘由，借由相机记录了风雨飘摇的晚清皇室与紫禁城的变迁。1912年，清帝退位，暂居紫禁城内廷区域。1914年，在紫禁城外朝的武英殿区域正式成立了中国第一家国立博物馆——古物陈列所[⑥]。1925年，在紫禁城内廷区域正式成立了故宫博物院。1928年，故宫博物院创设了照相室[⑦]。1930年，古物陈列所设立照相室。1948年，古物陈列所正式并入故宫博物院[⑧]。1951年，故宫博物院院内机构调整，将古物馆分为保管部和陈列部，之后陈列部设立照相室，保管部设立照相资料室。1998年，故宫博物院在当时陈列部照相室和保管部照相资料室的基础上成立了资料信息中心，其下设摄影室至今，负责故宫博物院的摄影相关工作。可见，故宫博物院建院之后几乎都设有专司影像摄制的机构，这与故宫摄影资料上标记的信息相吻合，如标记的清室善后委员会、古物陈列所、古物馆、陈列部、保管部及年代等信息，证明自建院至21世纪初的各个年代都有相关摄影资料留存（图一、图二）。因此，晚清宫廷遗存的摄影资料与建院后的摄影资料可以勾勒出摄影技术在紫禁城应用的历史轨迹。

根据故宫博物院现存摄影资料的载体划分，可将紫禁城的影像生产分为三个阶段：玻璃底片阶段、胶片阶段和数字阶段。玻璃底片阶段大约从19世纪60年代至

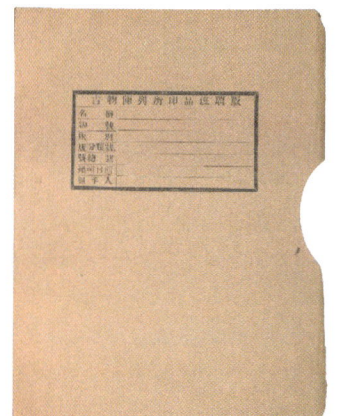 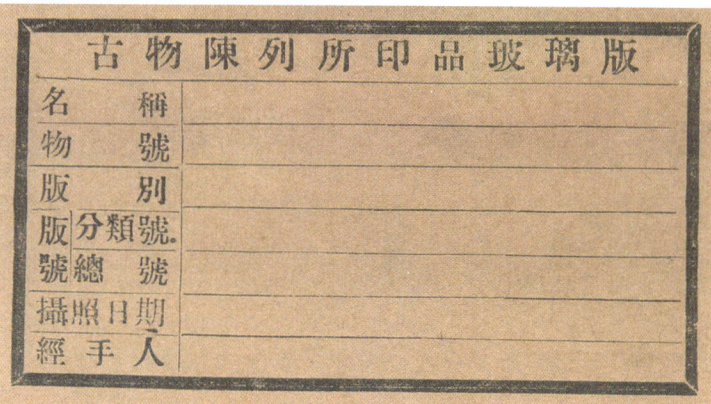

图一　故宫博物院院藏标记"古物陈列所"的玻璃底片包装纸袋

图二　故宫博物院院藏玻璃底片包装纸盒

图三 故宫博物院院藏玻璃底片示例——古物陈列所（紫禁城武英殿区域）

图四 故宫博物院院藏黑白胶片示例——翊坤宫

20世纪60年代，摄影载体为玻璃底片（图三）。故宫博物院院藏玻璃底片近3万张，年代约从20世纪初至20世纪60年代，以明胶干版为主；而院藏自19世纪60年代至20世纪初的摄影资料以纸基照片为主，影像内容以晚清宫廷人物为主，从该时期的摄影技术发展状况来看，主流摄影载体为玻璃底片，胶片刚刚出现[9]，故可推断该时期用于宫廷摄影的摄影载体应为玻璃底片和胶片，但当时胶片技术并不成熟，玻璃底片应是主要使用的摄影载体。其中，故宫博物院院藏年代可考、时代最早的照片可追溯至1863年，为醇郡王奕譞在南苑军营的留影[10]。

胶片阶段大约从20世纪20年代至21世纪初，摄影载体为胶片（图四），总量达到数十万件。数字阶段大约从20世纪90年代至今，摄影载体为数字载体。经20多年积累，数字影像的数量已超百万件。

技术的更迭非一日之功。摄影技术在紫禁城的应用，经历了玻璃底片至胶片、胶片至数字摄影的两次巨大技术转变，在时间上都存在过渡期，如图五所示。

第一次技术转变是胶片取代玻璃底片。随着胶片技术的发展，轻便快捷的胶片逐步取代笨重的玻璃底片成为主流摄影载体。胶片与玻璃底片同时存在了将近半个世纪，才完成了技术的更迭。胶片工艺本身也经历多次技术革新，不易燃的醋酸片（醋酸纤维素基底）逐步替代易燃的硝酸片（硝酸纤维素基底），材质稳定的聚酯片逐步替代较不稳定的醋酸片，影像颜色也逐步从黑白变为彩色（图六）。

第二次技术转变是数字摄影取代胶片摄影，仅用了不到20年的时间。20世纪90年代初，信息化技术兴起，故宫开始进入信息化建设时期，同步推进胶片数字化与数字摄影。扫描胶片所获得的数字化影像是信息化建设初期数字影像资源的主要来源，胶片亦仍为主要使用的摄影载体。21

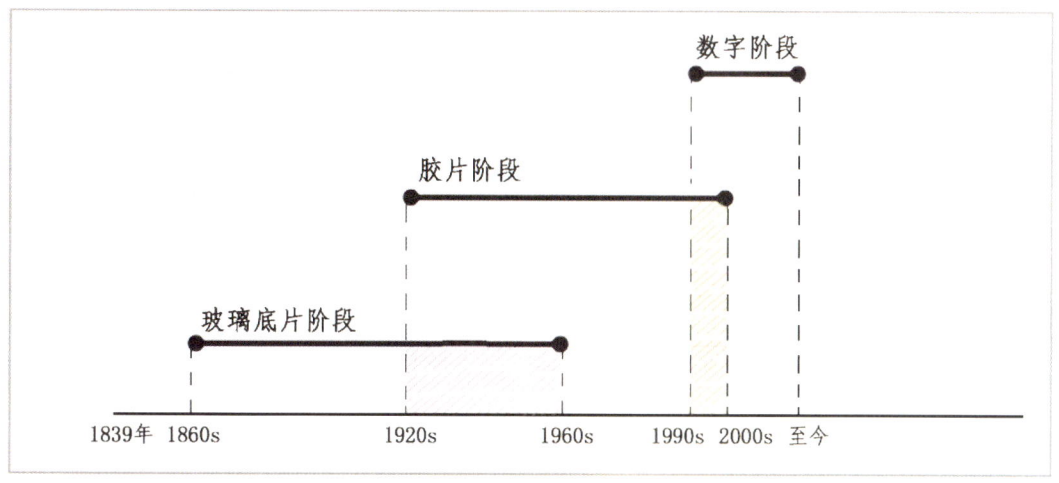

图五 紫禁城影像生产的三个阶段

图六 故宫博物院院藏彩色聚酯片（正片）示例——同治粉彩荷莲纹方花盆

世纪初，随着数字摄影技术的突飞猛进，原生数字影像的精度超越了胶片的数字化影像，新型数字摄影技术逐步代替胶片摄影（图七），胶片实体逐渐退出了影像摄制与利用的舞台，完成了胶片摄影向数字摄影的转型，原生数字影像资源进入积累阶段。

在两次技术转变中，影像的稳定性和精度是影响摄影技术更迭时长的主要因素，而故宫影像服务需求是催化技术更迭的主要原因。除晚清皇室主导的拍摄行为之外，紫禁城影像生产的主要目的是满足博物馆各项展览、出版、宣传、记录、文

创开发及活动的影像利用需求。根据拍摄对象，可将紫禁城主要的摄影实践分为以紫禁城人物、景物、事件为对象的（人类）活动纪实摄影和以紫禁城古建筑与藏品为对象的文物纪实摄影（文物摄影）。其中，活动纪实影像是记录故宫博物院作为一个博物馆的重要历史档案，也是展示、宣传故宫博物院的影像资源；文物影像的作用不光是服务于文化宣传，还是一种保护文物的有效方式，比如对容易损坏的藏品通过摄影的方式将其样貌固化在影像之中，记录留存某一历史时期藏品的纹理、图像、造型等客观信息，在某些条件下利用影像替代藏品本身进行展示，减少藏品出库次数，有利于藏品的长久保护与广泛的传播。在长达150多年的历史中，在不同的社会环境下，针对不同的对象

图七 故宫博物院数字影像示例——定窑白釉孩儿枕

物、不同的影像利用需求，紫禁城的摄影实践在需求推动下，逐步积累了大量的影像，同时也完成了技术的升级与变革。

二、故宫摄影资料价值与作用分析

故宫摄影以纪实摄影为主，所生产的影像客观记录了150多年来紫禁城作为皇宫及文化遗产地两种属性时的表象及其相关人类活动的视觉信息，题材不仅涉及紫禁城建筑、人物、文物、陈列展览、场景等，还涉及紫禁城范围外的建筑、风景、人物，等等。摄影是技术手段，也是一种艺术创作手段。摄影可具备科学性与艺术性两种特性，只是并非所有摄影产物都具备艺术性。影像精确复制现实，摄影的纪实功能使影像成为客观记录历史的一种有效手段。故宫摄影资料是见证历史的摄影档案。"档案"是指"国家机构、社会组织或个人在社会活动中直接形成的有价值的各种形式的历史记录"，"音像档案"的一般概念为"记录声音或影像的档案，包括照片、影片、录音带、录像带等"，档案价值是指"档案对国家机构、社会组织或个人的有用性"[11]。对于故宫摄影资料的价值与作用的挖掘分析，可从其作为史料档案的文化价值、作为技术产物的科学价值及作为摄影作品的艺术价值三个方面进行分析。

首先，作为纪实摄影的产物，故宫摄影资料具备真实性、准确性及可参考性，其文化价值主要体现在作为"补史"和"证史"物证的历史价值与借鉴价值，以及具有展示宣传传统文化的社会意义。

在实践中，玻璃底片、胶片、老照片等历史影像已在紫禁城宫廷原状复原、晚清社会与宫廷史研究、故宫博物院院史研究、影像展示与研究等方面发挥非常重要的作用（图八），另外在中国摄影史、图像史研究中亦发挥一定的作用。但晚清、民国至中华人民共和国成立之初的故宫早期历史影像与国内同时代摄制的其他影像存在相同困境[12]，即大都缺少拍摄时间与拍摄者等文字信息，难以准确辨识、鉴定影像的生产场域、自身场域、传播场域的相关描述信息，珍贵的影像因此而作用受限。只有补充、完善早期历史影像的文字描述信息，才能合理定性与定位其历史价值，并进入可授权利用的影像资源库，服务公众。数字影像较为全面地记录了故宫博物院文物保护、展示与研究工作，文字描述信息相对完整并不断改进，是目前影像授权与利用的主力军，在博物馆的图书出版、展览、记录、研究、宣传教育、文创开发等方面已然不可或缺，成为宣传故宫文化、传统文化的重要信息。

其次，故宫摄影资料的科学价值主要源于摄影术的科学属性，体现在150多年来具有时代特征的摄影技术与工艺信息在摄影材质中得以保存。玻璃底片阶段、胶片阶段和数字阶段的摄影产物，是研究各个阶段技术特征与变迁的物证。从传统光学摄影到数字摄影，拍摄的影像从实体变为虚拟态，相应的制作照片的工艺也随之

图八 故宫博物院院藏老照片——醇亲王载沣
（拍摄于1909年左右）

发生改变，技术的变化在摄影材质中得以保存。基于不同技术的影像成为摄影技术在紫禁城中应用的物证，因此依托故宫摄影资料，可构建出摄影技术在紫禁城应用的完整脉络，成为补充中国摄影史、影像史的重要线索，成为今后摄影技术在故宫应用的有益参考。

比如传统光学摄影的应用中，胶片材质经历了从硝酸片（易燃片）过渡为醋酸片、再发展至聚酯片的变革；在数字摄影的应用中，数字影像格式从PCD过渡至TIFF；光盘技术从CD到DVD，再到如今的蓝光。再比如，近十余年来出现了高精度古书画仿制品的制作、应用与研究，即利用高分辨率打印设备将高精度的古书画数字影像打印输出，获得与古书画原作的色彩、纹理十分接近的实体影像作品，可在某些特殊情况下代替原作展示，既有效保护藏品，又丰富展示陈列，满足了更多元的影像利用需求，是数字影像技术达到一定程度的产物，也是故宫博物院在影像保护与服务方面的有益尝试。如此种种不一一列举，故宫摄影资料所蕴含的技术信息十分丰富，但由于各种历史原因，其技术发展的归纳梳理与总结还未成体系。比如相当一部分传统光学摄影资料缺乏准确完整的技术描述信息，其材料分类归属又存在一定的难度，而传统光学摄影产物对外界环境要求较高，若无法准确定位其技术特征与分类归属，则无法开展针对性的文物保护工作，也无法准确评定其价值。因此如何鉴定其技术特征并进行分类归属，是传统光学摄影资料科学价值分析中的主要难点，只有尽可能获取准确的技术描述信息，制定针对性的保护策略，鉴定、评定其科学价值，才能发挥其作为技术物证的应有之用。

其三，故宫摄影资料的艺术价值主要来自故宫纪实摄影作品的艺术价值。《中华人民共和国著作权法实施条例》中将"摄影作品"定义为"借助器械在感光材料或者其他介质上记录客观物体形象的艺术作品"。纪实摄影是一种以记录真实为主要诉求的摄影方式，也是一种以造型艺术。摄影师将个人对紫禁城文化遗产内涵的理解、对紫禁城文化遗产相关人类活动的理解，结合个人风格所创作的具有独特光、形、色的影像属于摄影作品的范畴。文化遗产自身价值借由影像所构筑的视觉美感得以突出并向公众传达。但是，目前关于文物摄影作品的评定标准还存在一定的争议。对于文物影像艺术价值的分析与定位将有利于文物摄影作品的保护，同时也可能催生更丰富的文物摄影创作理念与手法。

对文物价值的全面认识是一个过程，既与我国社会的发展、文物保护的实践相关联，又与国际上不断进步的文物保护观念的影响分不开。文物不只是经济价值大的或者稀有的宝物，还包括一切反映人类历史文化的遗存。同样，博物馆也不只是"藏珍"之所，而是要收藏"人类和人类环境的见证物"，在收集、保护、研究、传播和展览上下功夫，"为社会和社会发展服务"[13]。综合文化、科学与艺术三方面价值的分析，故宫摄影资料是"人类和人类环境的见证物"，存在很高的综合价值，具备成为文物的条件。在实际上，故宫传统光学摄影资料被视为文物级别的重要资料，对其各项保护工作也在积极推进实施；数字影像的长期保存也持续在探索与实践之中。更为客观、全面地评价与定位故宫摄影资料的价值，将建立尽可能清晰完整的故宫摄影、影像发展史，将有利于针对各时期摄影资料及时采取相对应级别的保护措施，针对性地保护珍稀摄影资料，挖掘有益当下与未来发展可参考的历史经验与教训，同时也能活用资源，让更多珍贵的影像资料为公众服务。

三、故宫摄影资料保护理念

故宫摄影资料具备年代跨度大、数量庞大、载体介质多样等特性，对其合理有效的保护面临诸多困境。一般情况下，面对不同年代、不同材质的摄影资料，保护方法根据其年代和材质特点而定，如对于实体的玻璃底片、胶片及老照片等传统光学影像，由于其本身材质"劣化自毁"的特性，保护重点在于对其实体的保护及数字化保护；对于虚拟的数字影像及其载体，根据其依赖软硬件的特点，保护聚焦在影像的长期保存。除此之外，故宫摄影资料的保护还需从其自身价值进行区别对待，应对具备不同的文化、科学与艺术价值的摄影藏品采用针对性的保护方式。

（一）传统光学影像保护理念

故宫博物院院藏传统光学影像实体主要包括玻璃底片、胶片及纸基照片，由于年代跨度大，存在不同程度的泛银、老化、霉变等劣化问题。传统光学影像实体衰变的主要因素有物理变化、化学反应与生物侵害。其中数量最庞大的胶片面临的问题最为复杂，比如硝酸片、醋酸片及彩色胶片等摄影介质本身并不稳定，一旦受有害环境影响，不可逆的劣化便会加剧；醋酸片会发生"醋综合征"导致片基水解、影像消失[14]；彩色照片一旦褪色，影像细节则丢失，等等。最需要特殊关注的是，伴随劣化，硝酸片的燃点还会逐步降低，具有很大的安全隐患[15]。

传统光学影像保护主要分为实体保护与数字化保护两个方面。影像实体的保护涉及文物安全，遵循文物最小干预原则，可借鉴国内外相关标准，如国际标准干版底片的保存法ISO3897（JIS.K7644）、照片档案管理规范GB/T 11821-2002、已加工安全照相胶片贮存GB/T 18444-2001等，与博物馆的实际情况结合，针对不同类型的传统光学影像制定中期、长期的保管策略，其中影像的精确分类、分级是保护工作的基础。由于传统光学影像实体对外界环境要求都较高，而不同类别、级别的影像实体对于外界环境的要求各异，因此首要保障影像实体配备有效的环境控制策略，包括合宜的温湿度控制、合规的载体包装、病虫害防治机制等，同时配备定期检测机制，一是定期检测环境，防止外界环境的变化加剧影像的消逝；二是定期检测影像实体，尤其是材质不稳定的影像实体，根据其状态及时更新级别设定，以做出及时的、针对性的处理。为了更长的贮存寿命，不同类型的影像实体应根据材质特性分开存放，尤其会释放有害气体的易燃片应独立存放，如中国电影资料馆西安电影资料库便有彩色安全片库、黑白安全片库及易燃库等多个库房[16]。同时，影像实体进入保存环境之前应统一进行病虫害查杀处理，条件许可的情况下，也统一进行清洁。

在多项环境指标中，温湿度是最为关键的外界环境因素。首要确保传统光学影像实体处于温湿度稳定合宜的环境，再推进影像实体的分类整理、检测修复及编目著录。多学科协作是早期历史影像保护的方向。由于早期历史影像的标注信息非常少，可结合历史学、摄影学、材料学等多学科的理论与实践，针对材质存疑的影像实体开展科学检测分析，对不同时期的摄影技术与工艺进行分析比对，结合社会历史背景信息，尽可能弥补影像描述信息缺失。但是，故宫博物院院藏早期历史影像的数量颇具规模，针对每一件影像实体进行分类、分级，意味着浩大的工作量，因此制订中长期保护计划是影像保护工作有序开展的重要前提。

传统光学影像的数字化保护是依托数字采集技术，抢救性记录其影像信息。首先，在确保实体安全的前提下，采用最适宜的数字采集方式，获取精度、色彩最佳的数字影像。玻璃底片可以采用数码相机翻拍方式，胶片则主要使用扫描方式。需要关注的是，中华人民共和国成立前的胶片实体存在变脆的劣化现象，不宜采用滚筒式扫描仪。其次，可借助信息挖掘技术提取信息，补充影像描述信息，提升编目著录的效率与深度。此外，对于价值很高的珍稀影像，可在数字化后打印输出实体，开展相关打印工艺的研究与实践，既形成虚拟与实体的双重备份，又在新的技术时代形成新的影像实体，延续影像的生命周期。

（二）数字影像长期保存理念

数字影像作为博物馆的无形资产，将成为未来重要的数字遗产。数字影像作为一种数字资源，长期可读取与可利用包括两方面内容：比特保存与逻辑保存[17]。

比特保存重在解决硬件过时问题，确保数据可读取。数字影像的长期可读取主要取决于数字影像的格式是否可读取。影像格式一般可分为非加密的通用格式和加密的非通用格式。非通用影像格式经开发者加密，只能使用特定软件打开，其长期可读取便依赖相关软件的升级，若开发者一旦停止跟随操作系统进行升级，则影像将面临无法读取的困境。因此对于博物馆而言，优先采用通用的影像格式可省去对开发者的依赖，如采用TIFF、JPEG等格式。但若无法避免使用非通用的影像格式，如目前常见的CR2格式（佳能）、FFF格式（哈苏）等影像原始RAW文件，则需及时将非通用格式转化为通用格式，并都进行备份，便于存储与利用。

逻辑保存重在解决编码、语法等过时问题，确保数据可理解性与可用性。数字影像的长期可利用主要取决于影像管理系统的编目基础与检索能力。数字影像的利用，首先需要影像能被检索到。目前故宫拥有的数字影像数量庞大，经二十几年的发展，已超过百万，期间影像管理系统多次升级，元数据标准亦多次升级完善，能够满足大多数影像利用需求。但随着影像利用需求逐步多样化，快速检索并有效定位成为目前影像利用的提升方向，一方面从技术层面提升检索能力，另一方面是影像数据编目的丰富化，合理增加更具规范性、针对性、描述性的文字信息，才能从根源上确保影像更易被检索定位。但对于保有量庞大的影像管理系统，针对现有影像数据进行文字信息的补充，工作量巨大。与此同时，新拍摄的数字影像源源不断被录入系统，影像数量愈加庞大，后期补充的任务亦将更加艰巨。因此，及时完善、细化有效的长期保存策略并推进影像管理系统的升级迭代，是数字影像长期可利用的实践方向。首先，不断完善、升级影像管理系统中影像元数据标准，确保新的影像数据具备更完善的数据描述信息，并在数字影像生产阶段，依据标准录入相关影像信息；其次，同步推进旧影像数据的描述信息补充，除人工干预外，可尝试利用AI智能等新技术辅助信息提取。

可见，数字影像的长期保存涉及数字影像生产、服务与保存整个生命周期，应在全生命周期的视野下制定长期保存策略。影像的服务需求能促进影像数据信息的调整优化，促使影像生产与保存的标准与规格提升，而生产本身也能促进保存与服务，保存也能促进生产与服务，三者之间若互相促进，形成良性的互促机制，既能满足目前的影像保存与服务需求，又能满足中长期的影像保存与服务需求，使具有使用价值的数字影像能长期地存在并被定位、利用，更为有效、长久地服务大众。

四、结语

摄影技术正式发明至今已有180年，而紫禁城的摄影历史长达150多年，历经摄影技术发展的三个重要阶段，从玻璃底片、胶片再到如今的数字阶段，每一次摄影技术翻天覆地的变革，都产生了技术上的断裂，都对影像的保护带来挑战。胶片的出现与利用，使得玻璃底片技术淡出视野；数字影像的出现与广泛利用，则与先前基于化学材料的感光银盐和模拟方法产生了一次更大的断裂，导致玻璃底片和胶片的保护愈加艰难。虽然无法预知下一个摄影阶段何时来临，新的技术断裂或许也无法避免，但是对于现有各阶段的摄影资料，做好长期保存与服务，将利于当下与未来。

随着时代的更迭，故宫博物院的摄影资料愈加丰富庞大，从裕勋龄镜头下模仿观音的慈禧、再到逊帝溥仪及后妃，再到故宫博物院成立后的紫禁城建筑与文物，摄影忠实地记录了紫禁城岁月变迁的光影历程，如实保留了过去真实的景象。故宫摄影资料是中国历史的重要物证，能为解析晚清宫廷提供直观的视觉参考，能再现紫禁城文化遗产在各个历史时期的面貌，能构筑完整的故宫影像史，能为中国摄影、影像史提供独有的研究视角，能为构建完善的故宫数字影像长期保存体系提供历史借鉴，亦能为故宫博物院的发展提供真实可考的视觉脉络。在如今的视觉年代中，故宫博物院作为宣传中国文化的重要窗口，用影像宣传独特的中国文化于全世界，亦是故宫博物院的重要使命，正如陈万里先生在《大风集》中所言："担负此种宣传中国艺术固有的色彩同特点于全世界，使世界的摄影年鉴上有中国的地位"。在使命面前，重在加强对故宫摄影资料的保护、价值分析与定位，使珍贵的故宫影像既可"延年益寿"，又能长久服务社会。

---

①⑥⑧ 段勇：《古物陈列所的兴衰及其历史地位述评》，《故宫博物院院刊》2004年第5期。文中写道："人们通常把紫禁城的开放与故宫博物院的成立联系在一起。其实，1925年成立时的故宫博物院只包括紫禁城的后宫部分，而紫禁城的前朝部分从1914年起就相继辟为博物馆，并逐步对公众开放了，这就是古物陈列所。从1914年正式开放到1948年最终并入故宫博物院，古物陈列所，只存在了短短的34年，但却开创了中国近现代博物馆发展的新纪元……"

② 需要说明的是，本文中关于故宫博物院摄影资料的描述是基于初步清查结果所做的推论，可能并非完全精确，但可以反映故宫博物院摄影资料的基本情况。

③ 李欣：《影像艺术品收藏与投资》，北京摄影出版社，2017年，第25页。

④ 陈申、谢建国：《中国影像史·第二卷（1839—1900）》，中国摄影出版社，2014年，第55—56页。

⑤ 陈申、谢建国：《中国影像史·第二卷（1839—1900）》，中国摄影出版社，2014年，第42页。

⑦ 张小李：《民国时期故宫博物院出版事业运作机制浅探》，《中国出版史研究》2016年第2期。

⑨ 陈申、谢建国：《中国影像史·第二卷（1839—1900）》，中国摄影出版社，2014年，第92—94页。

⑩ 单霁翔：《故宫藏影——西洋镜里的宫廷人物》，故宫出版社，2018年，第17页。

⑪ DA/T1－2000 档案工作基本术语，中华人民共和国国家档案局，2000年。

⑫ 陈申、谢建国：《中国影像史·第二卷（1839—1900）》，中国摄影出版社，2014年，第18页。

⑬ 郑欣淼：《故宫的价值与故宫博物院的内涵》，《故宫博物院院刊》2003年第4期。

⑭ 彭先高：《长期保存底片的新途径》，《影像技术》1999年第3期。

⑮ 许建合：《易燃片在档案保存中的危险性》，《档案学研究》1989年第4期。

⑯ 杨静等：《档案素材影片保存情况的调研（上）》，《现代电影技术》2016年第10期。

⑰ 钱毅：《国际数字资源长期保存项目综述》，《中国档案报》2018年5月14日第3版。

（作者单位：故宫博物院）

新发现的两幅八宝山抗战老照片

陈 康

众所周知，震惊世界的"七七事变"爆发的中心是丰台的卢沟桥，因此80多年来，卢沟桥始终是备受人们关注的焦点，无论是文字还是图片资料，都很充足。

宛平城、卢沟桥是中日军队开战的第一阵地，而作为第一阵地坚强后盾、成为保证二十九军保卫北平城的第二道防线——八宝山则很少有人关注了。实际上，八宝山作为卢沟桥前线的后方阵地，其重要意义并不亚于卢沟桥，因为一旦八宝山防线被攻破，北平就将完全暴露在日军的火力之下，日军如攻下了八宝山防线，自然同时也就切断了二十九军的撤军路线，因此在"七七事变"前后各方的战略态势图如《支那事变战局地图》《日军总攻北平示意图》《中日军队围绕八宝山作战态势图》中，无论是日我双方攻防的线路，还是作为重要地点，双方始终把八宝山放在一个显著的位置上。笔者在2015年《石景山文史》"抗战专辑"中已经阐述了八宝山战线的基本战况，并揭示了八宝山阵地的坚守、防御为二十九军最后撤离保留了一条安全通道。

驻守八宝山防线的是二十九军三十七师一一零旅，旅长何基沣，在他属下的二二零团，团长是戴守义，但多年来，有关八宝山防线的情况无论是文字还是图片都绝少见到。因此笔者一直在坚持寻找老照片，努力还原历史真实的画面。

近日偶然间得到了两幅有关八宝山的老照片，颇为珍贵：一幅是一名二十九军的战士在八宝山阵地哨位上站岗；另一幅是二十九军战士正在撤离八宝山阵地。从这两幅照片拍摄的风格来看，很像是著名的战地记者方大曾所摄。

第一幅照片的画面上是一个英姿飒爽的年轻战士，身穿二十九军灰色军衣，头戴军帽，斜背着装得鼓鼓囊囊的子弹带，肩上扛着一支步枪，迎着阳光，脸上露出灿烂的笑容，在战士的右侧是一棵树木，树身上钉着一块写有"0.10 TEE"的箭头形指示牌，照片下方的文字是"守卫在八宝山战线的中国中央军第二十九军士兵"（图一）。文字显然有误，因为二十九军并非是蒋介石的嫡系中央军，而是一支原来作为西北军的地方杂牌军，在1933年长城抗战失利后，中央军已经撤出华北，由

图一 守卫在八宝山战线的中国第二十九军士兵

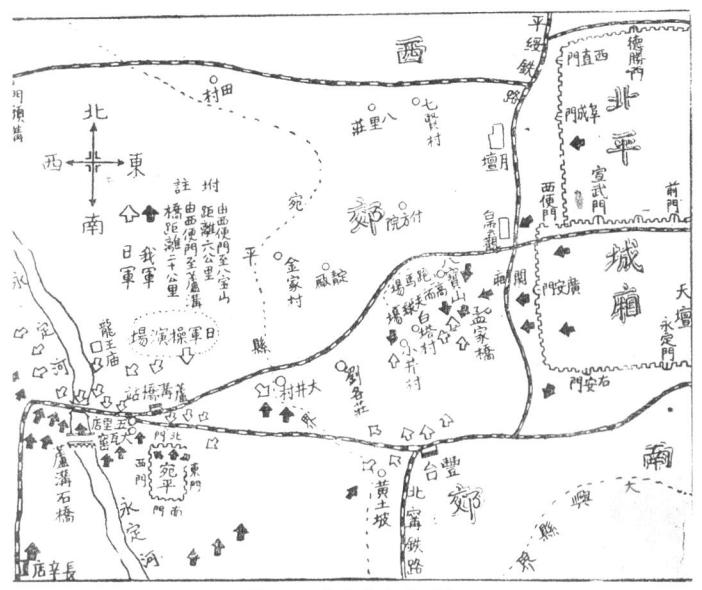

图二 八宝山高尔夫球场

二十九军进驻北平，担负着守卫北平的重任。

我对八宝山近代的历史感兴趣，最早还是源自民国时的一幅地图，地图上标注的是"八宝山高尔夫球场"（图二），但当时还有疑问，民国时在八宝山果真存在过高尔夫球场吗？现在，我们回过头再来说第一幅照片，在这幅照片上，这名战士右侧树上钉着一块牌子，上面写着0.10 TEE，着实令人费解，这个英文单词到底指的是什么？在百思不得其解后，我突然想起"高尔夫"三个字来，既然此处过去曾是高尔夫球场，那是外国人才玩的运动，此处正是民国时北京最早开办的高尔夫球场，名字叫"万国高尔夫球场"，这0.10 TEE一定是与高尔夫有关。一查，果然有了答案，TEE本来就是高尔夫的专有名词，通常是指发球的特殊草坪区，那么照片上木牌箭头所指方向应该是球场的发球台，战士驻守的地方正是高尔夫球场的某一地点。

现在，我们再来稍稍回顾一下"万国高尔夫球场"的历史。这片山域是由田村山、黑山等联属的一系列低矮的丘陵岛山组成，原来属于斗公府和清室暂安处所有，这是一处距京城最近的制高点，也是京西第一观景平台。辛亥革命后，斗公府没落、清室暂安处也歇了，清皇室后人为生活计，陆续把山地典卖了，因为是山地，高低坑洼，一般人买去也不知能干什么，因此几经倒手，也没甚起色。不久民国政府交通银行总经理梁士诒接手了，梁士诒是个银行家，人称"梁财神"，他可是个喝过洋墨水的人，到这山头往东看，就是繁华的京城，交通便利，向西望，玉泉山、颐和园、香山、八大处都历历在目，放眼南瞰，一片绿油油的良田千顷，眼下是层林叠翠、瓜果梨香。再仔细一琢磨，脚下的山坡平缓，连绵起伏，完全是一个绝佳的高尔夫场地，而且，如今是民国了，京城里洋人云集，他们除了周日爬爬山、骑骑马之外，就没有什么更好的娱乐场所了，田村山不是最好的高尔夫场地吗？

于是，梁士诒出大头，又联合了几个大财东，合资办起了"万国高尔夫球场"，这是北京历史上最早的高尔夫球场，它占有了地域优越、交通方便、设施完备、服务周到等几大优点，办得风生水起。高尔夫球场实行的是会员制，能加入的都是达官显贵、社会名流、军政要员、使馆官员、在京洋商各色人等，尤其是到了周末、西方圣诞，前来打球的人可以说是络绎不绝，各种语言不绝于耳、各色洋装耀人眼目、各种汽车绝尘而去。

少帅张学良更是球场常客，正因为张学良来的次数多了，深感路途不便，于是私人出资修了一条石山路，汽车可以直开到顶。有此缘故，万国高尔夫球场在北京名声鹊起，会员日益增多，有时各国的洋人会抱团前来，一起打，这样一来，原有的9个球场就不够使用了，人多的时候还要排队，于是经营球场的"北京地球公司"决定扩大生意，将山南的何家坟村的上百亩地也买了过来。

图片上木牌箭头所指的方向是球场的一个发球台，高尔夫球场的发球台一般分为4个TEE台，分为黑、蓝、白、红，分别代表的男选手、男子业余、女子职业、男子初学、老年、女子业余和女子选手。何基沣率旅守卫八宝山阵地时，征用的是高尔夫球场南部的场地，作为战斗阵地。

图三 从八宝山撤退的第二十九军三十七师士兵

"七七事变"爆发后，日军紧急调运军队增援，蓄意扩大事态，11日午后，中日军队在从永定河右岸、长辛店高地、龙王庙以北到八宝山方向全线开火。英国路透社在7月12日报道：今晨拂晓前，平西约六里之八宝山方面高尔夫球场附近有剧烈之战事，卢沟桥中日军队冲突以来所唯有，机关枪声与炮声历历可闻，终夜不绝。

另一幅照片是一队战士正从八宝山战场上撤出，图片上战士的背后是一片树林，照片的下方文字为"从八宝山撤退的第二十九军三十七师士兵"（图三）。

7月28日，日军华北驻屯军司令官香月清司向二十九军军长宋哲元发出最后通牒，遭到了宋哲元的拒绝，中日军队全面开战，在7月28日南苑之战中，佟麟阁、赵登禹二位将军战死沙场，当晚，宋哲元奉蒋介石之命，下令二十九军撤离北平。

1937年8月7日的上海《大公报》报道：在（二十九军）撤军过程中，日军出动了六架重型轰炸机，（一直）在对二十九军堵截追击。由于宛平到八宝山一线是二十九军掩护各部撤退的唯一通道，所以何基沣率一一零旅奉命坚守这道防线，确保这条路线的安全。直到7月30日晚，二十九军全军安全撤离后，一一零旅才从八宝山阵地整建制撤退。著名的战地记者范长江对八宝山防线的重要性有精辟的总结："在北方和战待定的局面下，多劳三十七师毫不动摇地把守着卢沟桥和八宝山阵地，使北平对外交通保持着一线生机，根本上延宕了日军瓮中捉鳖的计划。"①

---

① 范长江：《卢沟桥畔》，《大公报》1937年7月17日。

（作者单位：石景山区文化和旅游局）

北京市文物局2019年一季度文博事业大事记

北京市文物局办公室

1月1日 市文物研究所考古人员及建设单位北京城建兴瑞置业开发有限公司安保人员在夜间巡视东城区望坛棚户区改造项目考古勘探工地时，发现数名可疑人员进入工地对古墓葬实施盗掘，当即抓获2名犯罪嫌疑人并扭送东城分局永外派出所。2日，市文物研究所会同市文物监察执法队、东城区文化委执法队及专家对现场进行了踏勘。经踏勘，该项目未经勘探区域一座古墓葬被盗掘，盗洞较大，深约1.5米，盗洞内外可见棺木碎片。市文物监察执法队、东城区文化委执法队要求建设单位进一步加强现场安保力量，确保文物安全，并联系永外派出所配合做好该工地及周边的巡视工作。

1月2日 市文物局召开局务会传达市委十二届七次会议精神。局长舒小峰同志要求，全局要坚决落实市委关于全年工作的部署，一是要尽早谋划2019年各项工作任务，要围绕全市重点工作，充分把握利用好工作窗口期，按照既定计划紧锣密鼓推进，不等不靠；二是坚持稳中求进的工作总基调，开展的所有工作、做出的所有决策都要预先评估风险，确保稳字当头、主动担责、奋发有为；三是做好党建工作和干部队伍建设工作，抓紧抓好巡视整改"回头看"各项整改任务的落实。

1月8日 北京市推进全国文化中心建设领导小组印发《2019年北京中轴线申遗综合整治重点任务》。

1月13日 "老舍笔下的人物及街市"画展在首都博物馆开幕，共展出国画、油画、素描等作品70幅，画作中包括已故蒋兆和先生的老舍像、盛锡珊先生的北京市井风情系列作品、李燕作品、李滨声作品、牛星丽作品等一系列非常珍贵的丹青笔墨。

1月15日 北京电视台"市民对话一把手"节目聚焦全国文化中心建设，市文物局局长舒小峰对"推进'三个文化带'建设"的话题进行解读。

1月20日 中央电视台《新闻联播》以"北京中轴线申遗纳入核心区规划"为题介绍北京中轴线申遗保护工作。

1月23日 "钱币的盛装——世界现代钱币制作工艺"展在北京市古代钱币展览馆开幕。展览结合了世界现代钱币的新材质、新工艺，从文化内涵、设计理念、制作工艺等方面，以55枚钱币实物为重点，展示了钱币浓烈的艺术性、时尚性。

1月25日 由市文物局宣教中心策划推出的"宣宣带你开启'两日'之旅"系列作品在国家文物局委托中国文物报社承办的2018年度文物好新闻推介暨媒体座谈会上获得"文物好新闻"称号。

1月28日 北京市正阳门管理处主办的"阿呆的厨房——京津冀灶王民俗文化展"在正阳门城楼开幕。展览精选了100件具有代表性的展品，通过实物、多媒体、创作绘画、场景复原等多种形式，多角度、全方位地阐述中国灶王文化的起源，同时传达祭灶习俗所承载的向往家庭和睦、邻里和谐的中华传统美德。

1月29日 "家和年丰——猪年生肖文化展"在首都博物馆开幕。展览精选馆藏文物58件（套），通过生肖猪文物的展示和生肖历史文化的阐释，向观众展示传统十二生肖文化的悠久历史和丰富内涵，以及生肖猪文化的发展历程，让观众感受生肖文化独特魅力。

1月30日 市文物局领导班子召开2018年度民主生活会，局党组书记、局长舒小峰同志通报了局领导班子2017年度民主生活会整改措施落实情况、2018年度巡视整改专题民主生活会整改措施落实情况和本次民主生活会征求意见情况，代表市文物局领导班子做了对照检查发言。市文物局领导班子成员依次做个人对照检查发言，其他班子成员对其开展批评。市委第二督导组副组长、市委宣传部副部长陈名杰同志对会议做了点评，市政府党组成员、副市长杨斌同志做了重要讲话，市委第二督导组成员参加会议。

1月 全市文物拍卖企业2016—2018年度年审工作启动，165家文物拍卖企业提交了年审材料。

2月1日 市委常委、市委宣传部长杜飞进同志一行到北京市古代建筑博物馆检查春节前安全工作。杜飞进同志听取了博物馆负责同志关于春节前安全工作部署落实情况的汇报，实地检查了博物馆文物展厅、先农坛历史文物展厅、中控室和消防设施，要求市文物局系统安排好春节期间的值班工作，文博单位领导要带头值班，督促各类值班和巡逻人员认真履行职责，加强应急处置演练，做到随时能够处置各类突发情况，确保全市文物建筑和博物馆单位春节期间不发生任何安全问题。市文物局局长舒小峰等同志陪同检查。

2月3日 市委常委、市委宣传部长杜飞进同志到市政务服务中心考察调研，现场考察了市政务中心综合窗口运行情况，要求在做好"放管服"改革的同时，各文化部门要加强意识形态工作。杜飞进同志详细询问市文物局进驻情况，要求进一步落实好长城抢险工程审批工作。市文物局局长舒小峰同志及市委宣传部所属各部门主要领导一同调研。

市文物局会同东城区文委对太庙、皇史宬、地坛等全国重点文物保护单位开展专项督查，并在太庙大殿前进行了消防安全演练，并对各文物保护单位的管理使用单位的安全管理工作提出要求。

2月25日 首都博物馆召开纪念习总书记视察五周年暨首博改革发展再出发动员会。首都博物馆老领导等亲历者、员工代表等先后发言，随后举办首都博物馆东馆委托代建协议签约仪式，北京城市副中心投资建设集团有限公司与首都博物馆签署委托代建协议。市文物局局长舒小峰同志做动员，号召首都博物馆全体干部职工为把首都博物馆建设成为世界一流的博物馆而不断努力奋斗。

2月27日 市文物局召开中轴线申遗专项工作组例会，部署2019年重点工作。市公安局交管局、市国资委、市政务服务管理局正式加入中轴线申遗专项工作组，与其他22个成员单位共同全力保障2019年中轴线申遗综合整治48项重点任务的推进落实。

2月28日 由北京市人民政府、青海省人民政府主办，北京市文物局、青海省文化和旅游厅、青海省文物局协办，首都博物馆、青海省博物馆承办的"山宗·水源·路之冲——一带一路中的青海"展在首都博物馆开幕。展览以时间为序，精选文物442件（套），向观众展示青海地区自古以来作为文化交界地带所呈现的文化面貌，及其所蕴藏的宝贵物质文化资源。

3月6—8日 市文物局宣教中心与《这里是北京》栏目共同策划，特别推出"馆长说"之女馆长系列节目，邀请三位女馆长讲述博物馆及藏品背后的故事。

3月21日 市推进全国文化中心建设领导小组办公室和市文物局组织召开推进长城亟待抢险工作部署会。市文物局传达了长城亟待抢险工作进展情况，市财政局要求各区财政部门加快抢险项目资金评审进度，落实好项目资金安排。市推进全国文化中心建设领导小组办公室陈伟处长指出，一是要高度重视长城抢险工作，抓住工作契机，把握好、落实好国家文物局和市委市政府的各项要求。二是要抓紧时间，合理有序推进抢险工作。三是要做好舆情监测和应对工作。市文物局舒小峰局长最后总结讲话，他要求各区政府要站在讲政治的高度，提高认识，落实长城保护主体责任，全力做好长城抢险工作。他强调属地政府要抓紧时间协调好乡村占地、材料运输上山道路等问题，要求施工单位多安排人手加紧工作，倒排工期，要力争在6月底完成抢险任务。他指出各区文委要切实履行好监管工作，指导属地政府做好长城抢险工作。

3月23日 市领导杜飞进同志、卢彦同志共同主持召开了"北京市文化文物单位文化创意产品开发工作现场推进会"，市文物局局长舒小峰同志在会上汇报了全市文化文物单位文化创意产品开发试点单位文创工作情况。会上，市文物局分别与北京文投集团、北京歌华集团签署战略合作协议，共同推进全市文博单位文化创意产品开发工作。

3月 根据北京市市场监督管理局《2019年北京市地方标准制定项目计划》，市文物局制发《北京市文物局关于做好2019年北京市地方标准制定项目起草工作的通知》，督促故宫博物院、北京市古代建筑研究所、北京市文物工程质量监督站、中冶建筑研究总院有限公司开展2019年新立项的5项地方标准研究、制订工作。

按照市委宣传部部署，市文物局牵头起草《关于全市文化文物单位和市属公园文化创意产品开发的实施意见》（内部稿）。

（整理：伊凡）